AB HEUTE SORG ICH GUT FÜR MICH

Für meinen Vater, indem ich dich verlor, fand ich meinen Weg.
Für meine Mutter, die mir auf zellulärer Ebene das Wissen schenkte, sicher zu sein, geliebt und getragen zu werden.
Für meinen Mann, der mich durch seinen tiefen Glauben an mich stärkte.
Für meine Brüder, die mir die heilende Kraft des Humors beibrachten.
Für Charlotte und Teddy, meine Schätze, möget ihr stets gut für euch sorgen.

Kaiserstraße 14 b
D-80801 München

ISBN 978-3-89883-831-3
2. Auflage 2019

Projektleitung: Raffaela Niermann
Übersetzung: Antje Seidel, Köln
Redaktion und Satz: trans texas publishing services GmbH, Köln

First published in Great Britain in 2017 by Aster, a division of Octopus Publishing Group Ltd

Printed and bound in Czech Republic

Die ZS Verlag GmbH ist ein Unternehmen der Edel SE & Co. KGaA, Hamburg.
www.zsverlag.de | www.facebook.com/zsverlag

Suzy Reading ist anerkannte Psychologin und qualifizierte Yogalehrerin, die sich auf den Bereich „Wohlbefinden“ spezialisiert hat. Zu ihrem Programm gehören persönliches Coaching, Walk-and-Talk-Sitzungen, Einzel- und Gruppenyogastunden sowie Workshops über jegliche Aspekte von Self-care.
www.suzyreading.co.uk
@suzyreading

AB HEUTE SORG ICH GUT FÜR MICH

Kleine Gewohnheiten verändern,
Tag für Tag mehr aufblühen

Suzy Reading

Inhalt

Vorwort

DIE REINE WAHRHEIT: SELBST PSYCHOLOGEN BEKOMMEN DEN BLUES

Ich sehe mich noch im Krankenhausbett liegen, gedämpftes Licht drang durch die Jalousien und ich war erstaunt, dass ich noch lebte. Ich dachte an meine kostbare neugeborene Tochter und fragte mich, wie ich es nur schaffen sollte, mich um sie zu kümmern, wenn ich noch nicht einmal Kraft für mich selber hatte. Ich wollte für sie da sein, dennoch war mir schleierhaft, wie ich die Energie zum Weitermachen aufbringen sollte.

Ich fühlte mich energetisch ausgelaugt – dabei wurde ich in diesem Moment gebraucht wie nie zuvor in meinem Leben. Jede Mutter und jeder Vater wird dieses Gefühl bei der Geburt des ersten Kindes erlebt haben. Gerade dann, als ich meine Eltern am meisten brauchte, verlor ich meinen Vater und – zumindest für eine Weile – auch meine Mutter. Mein Vater lag in einem Krankenhausbett und rang um jeden Atemzug. Über Monate hinweg stand meine Mutter ihm treu zur Seite und sprach für ihn, wenn er nicht reden konnte.

Ich fühlte mich damals wie eine aufgeknackte Nuss, mein Innerstes vollständig freigelegt und in Stücke gebrochen. Die Welt hatte sich für mich verändert und ich wusste, dass ich mich in einer Phase des Übergangs befand.

Doch wie sollte ich mich in diesem Zustand verhalten? Ich brauchte Hilfe, um zu verstehen, was mit mir geschah, und sagte das auch. Ein bärtiger Mann kam ins Zimmer, um abzuwägen, ob eventuell Gefahr für mich oder mein Kind bestand. So begann für mich eine leidvolle Odyssee durch das Gesundheitssystem.

Es fehlte dem Mann zwar nicht an Mitgefühl, aber er ging nicht so auf mich ein, wie ich es gebraucht hätte. Aufmerksames Zuhören, Verständnis und Zuspruch hätten mir schon viel gegeben. Jemand, der mir mit den Worten „natürlich empfindest du so" die Erlaubnis gegeben hätte, das zu fühlen, was ich fühlte. Es hat lange gedauert, bis ich verstand, was ich wirklich brauchte. Kommt Ihnen das alles bekannt vor? Dann hoffe ich, dass dieses Buch eine Art Lebenselixier für Sie ist.

Ich weiß nicht, ob es Erschöpfung, Trauer, postnatale Depression oder eine Kombination von allem war. Vielleicht ist eine medizinische Einordnung auch gar nicht nötig, ich reagierte einfach nur auf menschliche Weise auf eine Vielzahl von Umständen. Was auch immer es war, ich war am Ende.

Mein Mann und ich waren gerade erst aus Großbritannien in meine Heimatstadt Sydney gezogen, um in der Nähe meiner Eltern eine eigene Familie zu gründen. Ein anstrengendes Jahr lag hinter uns, bedingt durch den schlechten Gesundheitszustand meines Vaters. Als erfahrener Arzt hatte er sich verschiedensten Untersuchungen unterzogen, um die Ursachen für seine schnelle Alterung und Müdigkeit zu ergründen. Doch man fand nichts. Eines Abends sah er so grau aus, dass ich ihn fragte, ob er nicht besser ins Krankenhaus gehen wolle. Er willigte ein, sich am nächsten Morgen einweisen zu lassen. Doch einige Stunden später klopfte meine Mutter an meiner Tür und sagte, sie habe den Rettungswagen gerufen. Ich ging ins

Schlafzimmer meiner Eltern, wo mein Vater im Bett lag und nach Luft rang. Ich nahm seine Hand und versicherte ihm, dass wir ihm nicht von der Seite weichen würden und dass Hilfe unterwegs sei. Als Hochschwangere war ich besonders sensibel, sodass dieses Ereignis enorme Auswirkungen auf mich und mein Nervensystem hatte.

Zusammen mit meinem Mann und meiner Mutter saß ich dann vor dem Reanimationsraum – im selben Krankenhaus, in dem ich mein Kind zur Welt bringen wollte – und wartete auf die Mitteilung, ob mein Vater es schaffen würde. Der Rettungsarzt hatte uns darauf vorbereitet, dass mein Vater die Fahrt zum Krankenhaus wahrscheinlich nicht überleben würde. Wie betäubt saß ich in den frühen Morgenstunden dort im Wartebereich, bis eine Krankenschwester kam und mir behutsam vorschlug, zum Ausruhen nach Hause zu gehen. Doch angesichts der lebensbedrohlichen Situation waren alle Überlegungen an meine eigene Gesundheit und die meines Kindes in weite Ferne gerückt.

Glücklicherweise überlebte mein Vater, lag aber im Koma und war an ein Beatmungsgerät angeschlossen. Die Ärzte konnten sich seinen Atemstillstand nicht erklären, wir wussten nicht, ob er das Bewusstsein zurückerlangen würde und mit welchen Folgen. Vor dem Einsetzen der Wehen und der Geburt meines ersten Kindes, Charlotte Rose, verging für mich eine lange, qualvolle Woche mit vielen Momenten des Abschieds. Wegen des emotionalen Chaos, in dem ich mich befand, benötigte ich für die Geburt meine letzte Kraft. So begann mein Leben als Mutter an einem energetischen Tiefpunkt – traumatisiert und von tiefer Trauer erfüllt.

Mein Vater verbrachte die folgenden vier Monate mit zahlreichen Untersuchungen und Behandlungen auf der Intensivstation – ohne Befund und Hoffnung auf Besserung. So waren Charlottes erste Lebensmonate angefüllt mit Krankenhausbesuchen und wenig Entlastung. Nachdem meine Mutter über Monate hinweg ihre eigenen Bedürfnisse zurückgestellt hatte, um für meinen Vater da zu sein, wurde auch sie ins Krankenhaus eingeliefert, mit einer Zellgewebsentzündung, die dringender Behandlung bedurfte. So hatte ich ein Neugeborenes mit Reflux zu versorgen, das nur wenige Stunden am Stück schlief, und zwei Elternteile mit unterschiedlichen Bedürfnissen in verschiedenen Krankenhäusern. An dieser Situation bin ich fast zerbrochen. Zum Glück wurde meine Mutter wieder vollkommen gesund. Mein Vater erlangte langsam wieder die Fähigkeit, im Wachzustand selbstständig zu atmen und sogar zu gehen. Trotz intensiver Rehamaßnahmen wurde aber klar, dass er nicht mehr nach Hause zurückkehren konnte.

Da die Pflege für meinen Vater sehr aufwendig war, blieb uns nichts anderes übrig, als ihn in einem Pflegeheim versorgen zu lassen. Es war ein Ort, den die Bewohner nie wieder verlassen würden, was ich sehr deprimierend fand. Alle freuten sich, wenn ich mit Charlotte zu Besuch kam.

Ein fröhliches Baby ist einfach unwiderstehlich, fast wie eine Transfusion von Licht und Leben – aber das Heim war nicht gerade der passende Ort für ein Kind.

Dieser Lebensabschnitt ist für mich mit tiefen Schuldgefühlen verbunden – in erster Linie, weil ich meinen Vater nicht in dieser Verfassung sehen wollte. Ich wünschte mir einfach nur, dass sein Leiden ein Ende hätte. Diese Erkenntnis erfüllte mich mit Schuld. Ich möchte Sie mit meiner Geschichte nicht bedrücken oder Ihr Mitleid erregen, doch inzwischen bin ich so vielen Menschen begegnet, denen es ähnlich erging wie mir, und meine Botschaft ist denkbar einfach: Erlauben Sie sich selbst Ihre Gefühle und Gedanken. Das macht Sie nicht zu einem schlechten Menschen, sondern menschlich. Die Schuld, die Sie sich selbst aufladen, brauchen Sie nicht und verdienen Sie auch nicht. Seien Sie ganz liebevoll zu sich selbst.

Charlottes erste Lebensmonate wurden von dem qualvollen Leid meines Vaters begleitet. Man kann aber seine Psyche nicht zweiteilen. Ich konnte unmöglich um meinen Vater trauern und gleichzeitig Glück über das neue Leben meiner Tochter empfinden. Die Trauer siegte. Ohne Diagnose und folglich auch ohne Behandlungsmöglichkeit war es für mich ein Warten voller Schmerz. Mein Vater war nur noch ein Schatten seiner selbst bei schwindender Lebensqualität. Er rang immer noch um jeden Atemzug und mit den simpelsten täglichen Aufgaben. So etwas würden Sie selbst Ihrem ärgsten Feind nicht wünschen.

Mein Vater verschied, als Charlotte 15 Monate alt war. Nach seinem Tod wurde eine seltene Form von Motoneuronerkrankung festgestellt – nichts hätte ihn retten können. Dass er von seinem Leiden erlöst war, schuf bei mir Raum für Heilung. Der einzige Lichtblick für mich war, dass er Charlotte Rose noch erlebt hatte.

Durch die 15-monatige Dauerbelastung war ich völlig ausgebrannt. Ich war ständig nervös, den Tränen nahe, schnell verärgert, lärmempfindlich und gereizt. Ich isolierte mich, es fiel mir schwer, Gespräche zu führen, und mit einem unausgeglichenen Baby etwas zu unternehmen, war mir nicht möglich. Immer wieder ging mir derselbe Satz durch den Kopf: „Wie soll ich nur weitermachen?“

Mehrmals suchte ich wegen Erschöpfungszuständen und Niedergeschlagenheit auch meinen Hausarzt auf. Er stellte mich vor zwei enttäuschende Möglichkeiten – entweder die Einnahme von Antidepressiva, um besser mit allem fertigzuwerden, oder weniger Stress in meinem Leben. Aber es war mir unmöglich, nicht mehr Mutter zu sein und mich von der Sorge um meinen Vater frei zu machen. Ebenso wenig wollte ich meine Gehirnchemie verändern, denn meine Situation erschien mir als normale menschliche Reaktion auf besonders schwere Umstände.

Dankenswerterweise fand ich einen Mittelweg. Als Psychologin und Yogalehrerin wusste ich zwar, dass es andere Möglichkeiten gibt, nur fehlte mir die Kraft, selbst einen Weg zu finden. Im Gespräch mit einer Therapeutin für postnatale Depression hörte ich dann zum ersten Mal den Begriff „Self-care". Sofort war ich von diesem Konzept fasziniert und konnte nicht begreifen, dass ich in meiner sechsjährigen Universitätsausbildung in Psychologie nie darauf gestoßen war.

Durch meinen eigenen Heilungsprozess und meine jetzige Arbeit als Wohlfühltherapeutin hat der Begriff „Self-care" für mich eine weitgefasste Bedeutung gewonnen. „Self-care", also Selbstfürsorge, betrachte ich als Gesundheitsvorsorge der Zukunft. Ich sehe darin einen Weg zu mir selbst, um mich verbunden, gesund und glücklich zu fühlen.

Meine Therapeutin lehrte mich, Selbstfürsorge als Möglichkeit zu erkennen, mir selbst Gutes zu tun und meine

Energiespeicher aufzufüllen, sodass ich mich in dieser Stresssituation selbst heilen konnte. Der Schmerz wurde mir nicht genommen, dafür aber die Fähigkeit geschenkt, besser mit ihm zurechtzukommen und weiterzumachen. Zunächst ermutigte meine Therapeutin mich, über Dinge nachzudenken, die mir Kraft geben. Die meisten hatte ich vernachlässigt, weil ich am Ende meiner Kräfte war, und vieles war mir auch durch die veränderten Lebensumstände nicht mehr möglich. Strandspaziergänge, Kino mit Freundinnen, Yogaklassen und Saunabesuche waren Erinnerungen an eine andere Zeit. Gemeinsam überlegten wir nun, was davon sich realistisch in mein jetziges Leben integrieren ließe oder mit welchen anderen Maßnahmen ich regenerieren könnte.

Allmählich fand ich auf meine Yogamatte zurück, auch wenn ich nur darauf lag. Ich machte eher einen achtsamen Spaziergang, als lange zu grübeln. Ich las wieder aufbauende Bücher und vermied abenteuerliche Unternehmungen. Die Abendnachrichten ließ ich ausfallen, sie sind wahres Gift bei Verstimmungen. Dies allein reichte schon aus, um eine Veränderung in meinem Energiehaushalt und in meinem Denken herbeizuführen.

Inspiriert von meinem eigenen Heilungsprozess verspürte ich den Wunsch, auch anderen mit den richtigen Methoden zu Gesundheit und Wohlbefinden zu verhelfen – und deshalb schreibe ich dieses Buch. Ich möchte die hier vorgestellten Techniken und Tools mit Ihnen teilen, in der Hoffnung, dass Sie so Kraft finden, um weiterzumachen und sich bestmöglich auf die Abenteuer des Lebens vorzubereiten.

Sie sehen, auch Psychologen bekommen den Blues … Großartig, wenn das kein Problem für Sie ist! Gefühle sind es wert, ausgesprochen zu werden. Ich habe erfahren, dass Heilung möglich ist, wenn wir erkennen, dass unsere Gefühle normal sind. Niemand ist immun gegen Stress,

Müdigkeit, den inneren Kritiker oder Tragödien, die das Leben nun mal mit sich bringt. Wir alle verlieren geliebte Menschen, wir alle haben einen fehlbaren Geist und Körper. Sie sind nicht der einzige Mensch, der sich in einer Abwärtsspirale befindet. Auch ich habe das erfahren und meinen Weg zurück ins Leben gefunden. Das Rüstzeug dafür gebe ich Ihnen an die Hand.

Was wir brauchen, sind kleine Momente der Stärkung an jedem Tag. Genau davon handelt dieses Buch – wie Sie Ihren eigenen maßgeschneiderten Methodenkoffer zusammenstellen, der Ihnen hilft, mit Stress, Verlust und Veränderung umzugehen, der Ihre Heilung fördert, Sie vor einem Burn-out bewahrt, Ihnen Klarheit verschafft und Lebensfreude schenkt. Lesen Sie ruhig weiter, wir sind schon mittendrin.

Nicht nur Sie befinden sich in einer Abwärtsspirale. Auch ich habe das erlebt und meinen Weg zurück ins Leben gefunden. Das Rüstzeug dafür gebe ich Ihnen an die Hand.

SELF-CARE – EINE EINFÜHRUNG

Als wir vor einigen Jahren die Familie meines Mannes in Großbritannien besuchten, fiel uns auf, wie schlecht es meinem Schwiegervater ging. Ich selbst hatte das Privileg gehabt, meinen Vater in seinem letzten Lebensabschnitt zu begleiten, und ich wollte meinem Mann diese wertvolle Zeit nicht vorenthalten. Deshalb fuhren wir zurück nach Australien, packten unser Leben in Sydney zusammen und zogen wieder nach Großbritannien – während wir unser zweites Kind erwarteten. Wir glaubten, noch einige gemeinsame Jahre mit meinem Schwiegervater zu haben, doch es sollten nur wenige Monate sein. Und wieder wurden wir gleichzeitig mit der Trauer über ein vergangenes Leben und der Freude auf ein neues konfrontiert.

Als wir uns damals auf den Weg machten, wussten wir, dass es schwer sein würde. Doch es war noch schmerzvoller und kräftezehrender als erwartet. Aber dieses Mal brach ich nicht zusammen. Trotz aller Anspannung kam es nie so weit, dass ich nicht mehr auf der Welt sein wollte. Sicher, ich war nicht mehr dieselbe, sicher, jedes Baby ist anders – aber der Hauptgrund für meine größere Belastbarkeit inmitten all dieser Umwälzungen war meine regelmäßige Fürsorge mir selbst gegenüber.

WAS IST SELF-CARE?

▸ Self-care ist jede lebensbejahende Tätigkeit, die Ihre Gesundheit wiederherstellt, erhält oder verbessert. Ich betrachte sie als Nahrung für Kopf, Herz und Körper. Die meisten Menschen werden Dinge wie Gesichtsbehandlungen, Restaurantbesuche und Urlaub als Selbstfürsorge bezeichnen. Das stimmt, aber Self-care ist noch viel mehr.

Die meisten Tätigkeiten, die einem in diesem Zusammenhang in den Sinn kommen, erfordern Planung, Zeit und Geld, sodass sie in akuten Notsituationen nicht gleich zur Hand sind. Dieses Buch weist Ihnen aber viele Wege, wie Sie sich in kurzer Zeit mit wenig Energieaufwand und Kosten erholen können: mit einfachen Stimmungsboostern – wie dem Tragen Ihrer Lieblingsfarbe oder dem Aufsprühen Ihres Lieblingsduftes – oder einfachen Entspannungsübungen, etwa indem Sie sich fünf Minuten lang mit an der Wand hochgestreckten Beinen hinlegen oder einige Momente den dahinziehenden Wolken nachschauen.

Self-care hilft Ihnen, das Beste aus sich zu machen.

IHR ENERGETISCHER KONTOSTAND

Wenn ich meinen Klienten das Prinzip von Self-care erklären möchte, benutze ich zur Verdeutlichung gern das Bild eines Energie-Kontostands. Wie ein Auto brauchen wir Kraftstoff, wir benötigen Energie, um im Alltag zu funktionieren. Selbstfürsorge ist wie Kraftstoff tanken – und jede Bewegung bedeutet Kraftstoffverbrauch. Um unsere täglichen Aufgaben zu bewältigen, müssen wir unser Energiekonto belasten. Wenn Sie gerade eben genug Energie für den Alltag aufbringen können, wie wollen Sie sich dann schwierigen Situationen stellen? Wenn Sie etwa wegen eines Krankheitsfalls die ganze Nacht über wach sind, fällt am nächsten Tag die Arbeit schwer; doch auch Positives kann einen Menschen aus der Bahn werfen, wie zum Beispiel eine Beförderung. Selbst lang Ersehntes, wie ein frühzeitig geplanter Urlaub, ein Umzug oder eine Familiengründung, kann eine Überforderung darstellen. Da Stress aber nun einmal zum Leben dazugehört, ist es sinnvoller, mit den Energiereserven zu haushalten als mit dem Stress. Wer sich stark und gesund fühlt, kann mit Belastungen besser umgehen. Sorgen Sie mit Self-care regelmäßig für sich selbst, damit Sie alle Herausforderungen des Lebens bestmöglich meistern können.

Ein schönes Bild zur Veranschaulichung ist „die volle Tasse". Manche Menschen kommen sich egoistisch vor, wenn sie sich Zeit für sich selbst nehmen. Dann ist der Vergleich mit der Tasse sehr hilfreich. Aus einer leeren Tasse kann man nichts trinken, im übertragenen Sinn heißt das, man kann sich nur um andere kümmern, wenn man selbst ausreichend Energiereserven hat. Ein weiteres Beispiel für die Selbstfürsorge sind die Sauerstoffmasken im Flugzeug. Um Ihre Sicherheit und die Ihrer Mitreisenden bei einem Notfall zu gewährleisten, ziehen Sie sich selbst zuerst die Maske über und helfen dann Mitreisenden.

SELF-CARE FÜR KÖRPER UND GEIST

- Bei meiner Arbeit als Personal Trainerin, Yogalehrerin und Psychologin beobachte ich oft, dass Gesundheit für viele Menschen einen hohen Stellenwert hat. Immer wieder propagieren Gesundheitskampagnen die Bedeutung von gesunder Ernährung, regelmäßiger Bewegung, gemäßigtem Alkoholkonsum und ausreichendem Schlaf.

Die Techniken, um mentale oder emotionale Gesundheit zu bewahren, werden jedoch als überflüssiger Schnickschnack abgetan. Genau das möchte ich gern infrage stellen. Zudem sind wir schnell verleitet zu sagen: „Danke, mir geht's gut. Das brauche ich nicht.", weil die psychische Gesundheit ein Tabu ist. Ich kann Ihnen gar nicht sagen, wie vielen traumatisierten Menschen ich begegnet bin, die sagten: „Ich brauche keine Hilfe, ich komme schon zurecht."

Dabei waren sie genau diejenigen, die davon profitierten, mit jemandem reden zu können. Darum wäre es sehr zu begrüßen, wenn die Beschäftigung mit dem eigenen Bewusstsein in der Öffentlichkeit als ebenso sexy und sozial anerkannt sein würde wie zum Beispiel die Arbeit am „Six-Pack". Meine Mission ist, die Menschen zum Nachdenken über Techniken anzuregen, die sie geistig, emotional und energetisch stärken.

SELBSTFÜRSORGE IST NICHT SELBSTSÜCHTIG

- In Zeiten von Stress, Verlust oder Veränderung wird die Selbstfürsorge vernachlässigt. Aber genau dann brauchen wir sie eigentlich am dringendsten – und so erging es auch mir. In meiner psychologischen Praxis höre ich von Klienten immer wieder dieselben Gegenargumente: Selbstfürsorge wäre „zu anstrengend", „egoistisch" oder „Luxus". Sollten Sie zu denjenigen gehören, die Self-care als Egoismus betrachten, dann möchte ich Sie bitten, doch einmal darüber nachzudenken, was im Fall Ihres Zusammenbruchs passiert. Was für eine Last kommt auf andere zu, wenn Sie Ihre Rolle nicht mehr ausfüllen können? Wenn Sie sich nicht aus eigenen Stücken für die Selbstfürsorge erwärmen können, dann tun Sie es doch den Menschen um Sie herum zuliebe. Vielleicht hilft es auch zu bedenken, dass Selbstfürsorge nicht „ich zuerst", sondern schlicht „ich auch" bedeutet.

SELF-CARE – WARUM VORBEUGEN?

- Wenn es hart auf hart kommt, haben wir im Allgemeinen das Gefühl, nicht genug Zeit, Raum oder Energie für uns selbst zu haben. Dies ist das beste Rezept für einen psychischen Zusammenbruch oder für Erschöpfungszustände und – wenn die Situation eine Weile andauert – für Angstzustände und Depression. Die Weltgesundheitsorganisation sagt voraus, dass im Jahr 2030 Depression die weltweit häufigste Volkskrankheit sein wird[1]. Klar, dass wir es uns da nicht leisten können, untätig zu sein. In diesem Buch werden Sie eine Reihe von Self-care-Techniken kennenlernen, die Schuldgefühle und andere Blockaden aus dem Weg räumen.

Aus Erfahrung weiß ich, dass die üblichen Entspannungsmethoden in Stresssituationen nicht greifen und dass es dann an der Kraft fehlt, um kreative Wege zur Selbsthilfe zu entwickeln. Deshalb muss Selbstfürsorge an oberster Stelle stehen, und zwar, bevor ein energetischer Tiefpunkt erreicht wird. Wir müssen offen mit Familie und Freunden darüber reden und das Bewusstsein dafür schärfen, wie wir unser Energiekonto auffüllen können, damit Stress uns nicht aus der Bahn wirft. In schwierigen Zeiten ist es wichtig, einander zu unterstützen, insbesondere wenn wir in einer Situation feststecken, die aussichtslos erscheint.

Ebenfalls aus eigener Erfahrung weiß ich, dass mir konstruktive Denk- und Verhaltensmuster, die mir sonst intuitiv einfallen, nicht mehr in den Sinn kamen, wenn ich gestresst und kraftlos war. Es ist aber ermutigend festzustellen, dass diese Strategien wiederkehrten, seitdem ich gut auf mich achtgebe.

Wenn ich meine Klienten ermutige, regelmäßig ihr Energiekonto aufzufüllen, treffen sie wie selbstverständlich bessere Entscheidungen, haben mehr Energie, um sich abzugrenzen, und finden konstruktive Mittel und Wege.

SELF-CARE – WOZU?

Zunächst einmal schauen wir uns den Begriff „Stress“ genauer an.

- **Stress wird es immer geben.** Stress ist ein normaler Teil des Lebens. Ganz ohne ihn wäre das Leben ziemlich langweilig, er hält uns auf Trab. Und er hindert uns auch nicht daran, glücklich zu sein. An dem Tag, an dem es keinen Stress mehr gibt, ist das Leben vorbei.

- **Stress summiert sich.** Zunehmender Stress im Alltag führt dazu, dass wir bereits auf Kleinigkeiten unangemessen reagieren. Abhilfe schafft dann ein regelmäßiger Druckausgleich, damit wir nicht zum brodelnden Vulkan werden. Wenn wir aber den Kopf in den Sand stecken, in der Hoffnung, dass sich alles irgendwann regeln wird, dann rächt sich das später – oft mit gesundheitlichen und anderen Beeinträchtigungen in verschiedenen Bereichen des Lebens.

- **Zu viel Stress ist gefährlich.** Stress berührt das Herzstück der physischen und psychischen Gesundheit. Es gibt ausreichend Beweise dafür, dass lang anhaltender Stress auf Dauer krank macht. Deshalb können wir es uns nicht leisten, unseren Stresspegel zu ignorieren – zu große Stressbelastung hindert uns daran, das Leben in seiner ganzen Fülle zu genießen.

Ein Stresstest aus dem Jahr 2015 mit 2000 Befragten brachte erhellende Ergebnisse ans Licht. Neun von zehn Frauen gaben an, gestresst zu sein, und 36 Prozent von ihnen sogar täglich. Ermutigend dabei ist, dass es mehr als der Hälfte der Befragten wichtig war, sich Zeit für Gesundheit und Wohlbefinden zu nehmen. 49 Prozent der Frauen bedauerten, nicht genügend Zeit für sich selbst zu haben. Wir hingegen haben einen Weg gefunden, das Achtgeben auf sich selbst in das tägliche Leben zu integrieren. Die Ergebnisse der Befragung veranlassten mich, Self-care in den Mittelpunkt meiner Arbeit zu stellen, und seitdem sind meine Workshops stets ausgebucht.

HILFE DURCH SELF-CARE

- **Self-care hilft bei der BEWÄLTIGUNG** von Krankheit, Stress, Verlust und Veränderung. Zu mir kommen Menschen, die ich bei der Pflege eines Angehörigen unterstütze, junge Eltern, die sich auf ihre neue Lebenssituation einstellen, Mütter, die an postnatalen Depressionen leiden, Menschen, die nach einem Umzug ein neues Leben aufbauen, überlastete Führungskräfte und Jugendliche mit Prüfungsangst.

- **Self-care trägt zur ERHOLUNG** von Krankheit, Stress, Verlust und Veränderung bei. Einige Klienten suchen Unterstützung nach einer Scheidung oder schweren Enttäuschung, im Trauerfall oder bei einer Kündigung sowie bei der Heilung von Depression oder anderen Krankheiten.

- **Self-care bietet SCHUTZ** vor künftigem Stress. Manchmal wissen wir, dass eine schwierige Situation bevorsteht. Ich habe mit wundervollen Menschen zusammengearbeitet, die die Initiative ergriffen und sich auf absehbare neue Lebensumstände vorbereitet haben. Hätte ich in der Woche vor Charlottes Geburt bereits die wesentlichen Elemente der Self-care gekannt, so hätte ich mich sicherlich anders verhalten und wäre nicht zusammengebrochen.

- **Self-care verhilft zu mehr LEBENSFREUDE.** Menschen mit ganz unterschiedlichen Zielen suchen mich zum Coaching auf. Self-care hilft, das Beste in sich zu entdecken und zu fördern. Meine Klienten möchten zu einer besseren Mutter oder einem besseren Vater, zu einer besseren Partnerin oder einem besseren Partner werden, Karriere machen, ihr Studium wieder aufnehmen, nach ihrer Pensionierung einen neuen Sinn im Leben finden oder einfach nur zu einem glücklicheren Menschen werden.

BURN-OUT

- Was ist Burn-out? Ich sehe darin einen energetischen Bankrott – und seine Häufigkeit nimmt zu. Burn-out zeigt sich in einer emotionalen, mentalen und körperlichen Erschöpfung. Es ist ein bedrückender Zustand, man ist wie gelähmt und kann das Verlangen des Körpers nach einer Pause nicht mehr ignorieren.

- Anhaltender Stress oder Überarbeitung führen häufig zum Burn-out-Syndrom. Der Zustand kann durch zu große Belastungen, verbunden mit wiederkehrenden Stressphasen, hervorgerufen werden – dann, wenn eins zum anderen kommt. Auch permanenter Druck, Ehrgeiz oder ständige Anstrengung können eine Ursache sein. Wir schaden uns selbst, wenn wir unsere Gesundheit vernachlässigen, wir treiben Raubbau an ihr und tun so, als wären wir unbezwingbar.

Andauernder Stress oder Überarbeitung führen häufig zum Burn-out.

Auf welche Anzeichen sollte man achten?

- Extreme Müdigkeit, auftretende Schlafstörungen trotz Erschöpfung, Schwierigkeiten beim Abschalten und das Gefühl von Reizüberflutung
- Eine generelle Störung des Immunsystems, die sich in kleinen, aber häufigen Beschwerden wie Herpesbläschen, Kopfschmerzen, Erkältungen oder lang anhaltenden Krankheiten äußert.
- Muskelschmerzen, Schmerzzustände und Verspannungen
- Niedergeschlagenheit, Appetitlosigkeit, Konzentrationsschwäche oder verminderte Lebensfreude; man fühlt sich antriebslos und überfordert.
- Angstgefühle, Wut, Reizbarkeit

Self-care hilft dabei, Körper und Geist vom Burn-out zu heilen. Bei einem Gefühl ständiger Bedrückung entscheiden Sie sich für entspannende Maßnahmen, die Sie wieder ins Gleichgewicht bringen. Ich werde Sie bei diesem Prozess begleiten. Selbst ganz einfache Praktiken der Selbstfürsorge können vor den Folgen von Stress schützen und das Risiko eines Burn-out senken.

Kleine Juwelen ‣

‣ Durch Stressmanagement verschwindet der Stress nicht, daher liegt der Schwerpunkt auf dem Energiemanagement. Self-care ist eine Methode, um das Energiekonto aufzufüllen. Kleine Momente der Stärkung bringen uns durch den Tag.

‣ Einfach ausgedrückt ist Self-care Nahrung für Kopf, Herz und Körper.

‣ Self-care steigert die Widerstandskräfte und schützt vor Burn-out und künftigem Stress.

‣ Um mit Stress, Verlust und Veränderung umgehen zu können, müssen wir gut für uns sorgen.

‣ Self-care ist nicht egoistisch. Wenn man nicht gut für sich selbst sorgt, ist es schwer, sich um andere zu kümmern, vor allem wenn sie Hilfe brauchen. Dennoch hat man oft Schuldgefühle oder meint, nicht genügend Zeit oder Energie für Self-care zu haben. Hier lautet das Mantra: nicht „ich zuerst", sondern „ich auch". Selbstfürsorge gibt Ihnen die Möglichkeit, die Person zu werden, die Sie sein möchten.

Notizen ▸

DAS SELF-CARE-VITALITÄTSRAD

Als ich mich endlich wieder fit und gut fühlte, wusste ich, dass Self-care auch für andere von unschätzbarem Wert sein könnte. Zum ersten Mal in meinem Berufsleben schienen sich meine Kenntnisse auf den Gebieten Psychologie, Fitness und Yoga zu vereinen, wodurch mir eine große Palette an Self-care-Techniken zur Verfügung steht, die ich nun weitergeben kann. Durch meine eigene Lebenserfahrung und meine Qualifikationen konnte ich ein anschauliches Modell entwickeln. Es wird durch einen recht jungen Zweig der Psychologie, die sogenannte „Positive Psychologie", geprägt. Darunter versteht man die Erforschung von Glück, Wohlbefinden und anderen Dingen, die das Leben lebenswert machen. Die Erkenntnisse dieser Forschung lassen sich wunderbar nutzen, um die Techniken von Self-care zu optimieren.

Ich habe das Vitalitätsrad entwickelt, um verschiedene Möglichkeiten übersichtlich darzustellen, mit denen sich das Energiekonto auffüllen lässt. Mit dem Vitalitätsrad haben Sie ein einfaches Instrument für Ihre Selbstfürsorge in der Hand. Das Schaubild zeigt die acht verschiedenen Techniken zur Stärkung mit Self-care.

DAS VITALITÄTSRAD

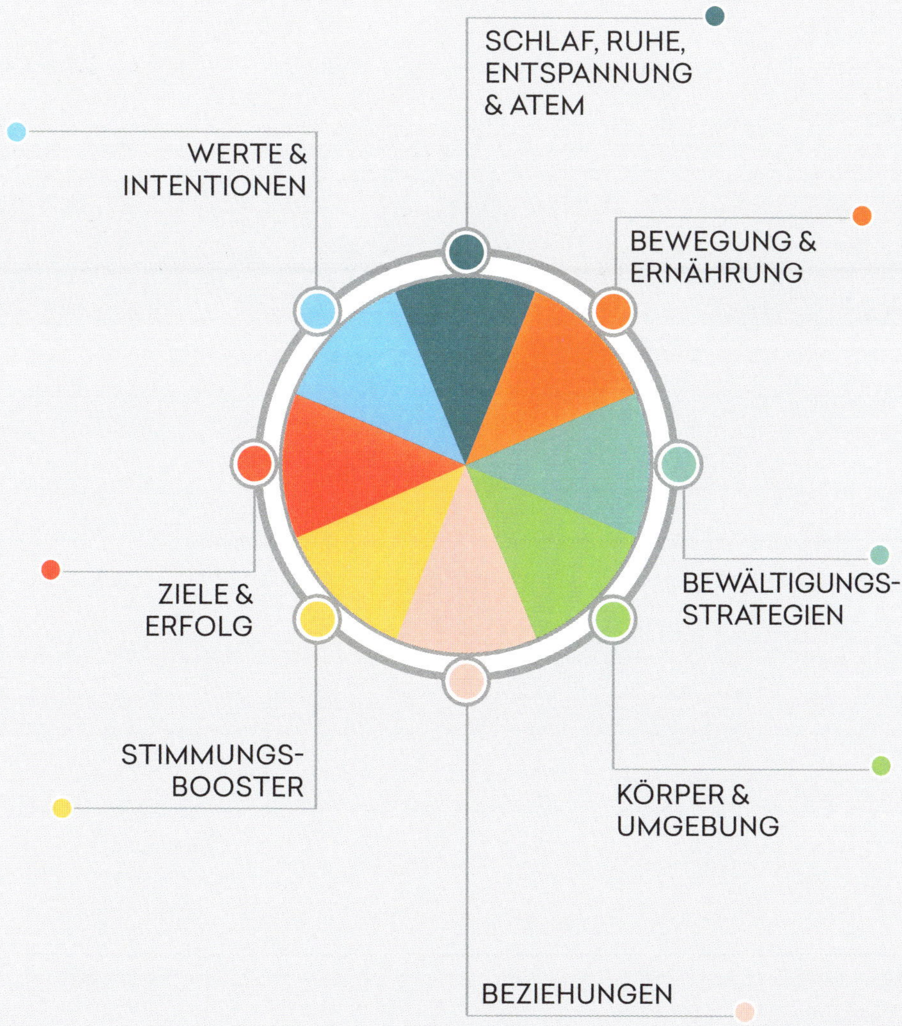

Einige der aufgezeigten Themen kommen Ihnen vielleicht bekannt vor, während andere eher befremdlich scheinen – entspannen Sie sich, das ist völlig in Ordnung so! Sie müssen gar nicht jeden Bereich angehen, sondern nur die Themen, die Sie ansprechen. Das Vitalitätsrad zeigt Ihnen acht Wege, um Kraft, Ausgeglichenheit und Ruhe zu finden, sie überschneiden sich aber und kreuzen sich immer wieder, sodass Sie Ihren ganz eigenen Weg gehen können. Das Ziel ist, Ihnen neue Möglichkeiten aufzuzeigen, was Sie für den Moment tun können. In Stresssituationen neigen wir oft dazu, eine bestimmte Art von Selbstfürsorge, etwa eine feste Übung, durchzuführen. Die Vorschläge in diesem Buch können Sie ermutigen, einmal etwas anderes auszuprobieren, um so bessere Ergebnisse zu erzielen.

Das Vitalitätsrad hilft, über das Zusammenwirken von Kopf, Herz und Körper generell nachzudenken.

Man sollte meinen, dass die Voraussetzungen für Gesundheit und Wohlbefinden allgemein bekannt sind. Trotzdem ist vielen Menschen nicht bewusst, welchen Wert gute Beziehungen, Entspannung und Schlaf haben, wie belebend Achtsamkeit sein kann oder welche Strategien für die Stressbewältigung förderlich sind. Das Vitalitätsrad hilft, über das Zusammenwirken von Kopf, Herz und Körper generell nachzudenken. Indem Sie die Kapitel durchgehen, die Sie ansprechen, können Sie sich Ihren eigenen maßgeschneiderten Methodenkoffer für Ihre Selbstfürsorge zusammenstellen.

SO BENUTZEN SIE DIESES BUCH

- **Die Kapitel in diesem Buch erklären die einzelnen Felder des Vitalitätsrads im Detail. Jedes Kapitel bietet eine inspirierende Auswahl an Methoden, Ideen und Affirmationen. Auch Yogastellungen und Übungsabfolgen sind integriert, um Sie bei der Erkundung der verschiedenen Wege bestmöglich zu unterstützen.**

Arbeiten Sie mit so vielen Feldern, wie Sie möchten, und beginnen Sie mit den ansprechendsten Kapiteln. Es ist völlig normal, wenn einige Wege Ihnen nicht sofort zugänglich sind. Die Reihenfolge der Kapitel spiegelt meinen persönlichen Heilungsprozess wider, Ihrer kann aber ganz anders verlaufen. Es gibt also keine vorgeschriebene Abfolge. Wenn Sie sich etwa vorgenommen haben, Ihren Lebensstil zu ändern, empfiehlt es sich, mit dem Kapitel „Ziele & Erfolg" zu beginnen. Suchen Sie hingegen nach Klarheit, weil Sie gerade nicht wissen, wie es weitergehen soll, dann nehmen Sie sich das Kapitel „Werte & Intentionen" vor. Im Lauf der Zeit ändern sich auch die Schwerpunkte, deshalb ist es hilfreich, sich das Vitalitätsrad immer wieder mal vorzunehmen und zu überprüfen, welcher Bereich sich verändert hat und was sich gerade für Sie richtig anfühlt. Auch wenn Tipps und Methoden aus einem Kapitel vielleicht nicht zu Ihrer jetzigen Lebenssituation passen, können Sie dennoch die vorgestellten Yogaübungen machen.

MIND-MAPPING MIT DEM VITALITÄTSRAD

- Die grafische Darstellung von Ideen und Konzepten bezeichnet man auch als Mind-Map. Sie hilft, Gedanken zu strukturieren, um Ideen so besser analysieren, verstehen, verarbeiten und weiterentwickeln zu können. Das Vitalitätsrad ist im Prinzip eine Mind-Map für Selbstfürsorge. So werden Möglichkeiten der Self-care in ihrer ganzen Fülle anschaulich und wichtige Informationen auf einen Blick erkennbar. Das versetzt Sie in die Lage, im Notfall rasch zu handeln.

Sobald Sie ein Kapitel beendet haben, fertigen Sie eine Mind-Map an. Hierfür versehen Sie eine Kopie des Vitalitätsrads mit Tipps, Ideen und Mantras, die bei Ihnen etwas ausgelöst haben, und ergänzen sie immer weiter. Ihr Rad befestigen Sie am besten an einer Stelle, die Sie oft im Auge haben, zum Beispiel am Kühlschrank oder an Ihrem Arbeitsplatz. Ein Blick reicht dann aus, um das zu finden, was Sie in diesem Augenblick stärkt.

IHR SELF-CARE-KOFFER

- Wenn Sie einige Kapitel gelesen haben, können Sie sich Ihren persönlichen Self-care-Koffer in Form einer Liste zusammenstellen. Darin sollten Methoden enthalten sein, auf die Sie jederzeit zurückgreifen können. Ich verwahre diese Liste in meinem Notizbuch und im Mobiltelefon, sodass ich sie immer parat habe. Am besten stellen Sie sich Ihren Self-care-Koffer zusammen, wenn Sie entspannt sind und sich kreativ fühlen. Warten Sie nicht, bis das Leben Ihnen übel mitspielt, denn gerade dann wird es schwierig, kreativ und einfallsreich für sich selbst zu sorgen.

Self-care wirkt am besten, wenn sie immer wieder aufgefrischt und weiterentwickelt wird – so bleibt man den Veränderungen des täglichen Lebens gewachsen. Deshalb stellen Sie unterschiedliche Tools zusammen, um sich möglichst effektiv aus dem Koffer bedienen zu können. Wenn Sie immer wieder dieselben Sportübungen durchführen, pendelt sich Ihr Körper auf einem bestimmten Level ein, und ebenso verhält es sich mit Self-care: Bei einer festen Routine mit denselben Tools bleibt auch Ihr Wohlbefinden auf demselben Niveau. Sollten Sie sich also gelangweilt oder kraftlos fühlen oder mit Self-care hadern, dann ist es an der Zeit, neue Aktivitäten des Vitalitätsrads auszuprobieren.

Warten Sie nicht, bis das Leben Ihnen übel mitspielt, denn gerade dann wird es schwierig, kreativ und einfallsreich für sich selbst zu sorgen.

DIE SIEBEN GEHEIMNISSE VON SELF-CARE

1

Sprechen Sie mir nach: „Self-care ist nicht egoistisch." Das wiederholen Sie so lange, bis Sie es verinnerlicht haben.

2

Geben Sie sich die Erlaubnis, sich Zeit für sich selbst zu nehmen.

3

Treffen Sie eine Verabredung mit sich selbst und halten Sie an ihr fest. Aber warten Sie nicht auf den richtigen Moment – der kommt selten, dafür aber die Reue am Sonntagabend um 21 Uhr garantiert.

4
Bauen Sie in Ihren Zeitplan Nahrung für Kopf, Herz und Körper ein.

5
Genießen Sie in vollen Zügen – auch die Vorfreude! Sie werden merken, wie gut Ihnen das tut, noch bevor „Ihre“ Zeit kommt.

6
Beobachten Sie Ihre Aufwärtsspirale: Vitalität und Lebensfreude schenken Ihnen Kraft, um den unvermeidlichen Stress des Lebens zu meistern. Self-care hilft Ihnen, ein mitfühlender, in sich ruhender Mensch zu sein.

7
Gehen Sie ans Werk!

SO SETZEN SIE SELF-CARE UM

- **Schauen Sie in Ihrem Self-care-Koffer** oder im Vitalitätsrad nach, wenn Sie sich gestresst fühlen oder mehr Energie, Ruhe oder Selbstvertrauen brauchen. Suchen Sie sich eine Aktivität heraus und spüren Sie, wie Sie sich in diesem Moment damit fühlen.

- **Planen Sie Auszeiten für sich ein.** Suchen Sie sich Zeitfenster in der nächsten Woche heraus und treffen Sie eine Verabredung – mit sich selbst. Mit dem Vitalitätsrad in der Hand überlegen Sie dann, was Sie in „Ihrer" Zeit tun möchten. Diese Zeit ist kostbar, vergeuden Sie sie nicht. Die Vorfreude darauf steigert Ihre Freude noch und dieser Nebeneffekt wirkt sich positiv auf Ihr Wohlbefinden aus.

- **Nutzen Sie das Vitalitätsrad,** um das Beste aus Ihren aufgesparten Momenten zu machen. Wie oft haben Sie eine halbe Stunde für sich, die sich so fremd anfühlt, dass Sie gar nicht wissen, was Sie damit anfangen sollen? Benutzen Sie in solchen Momenten das Vitalitätsrad als Inspiration.

DAS VITALITÄTSTAGEBUCH

Selbst wenn Sie noch so gut wissen, wie wichtig Self-care ist, fällt es oft schwer, sie in die Praxis umzusetzen. Warum nur? Es ist immer eine Herausforderung, Gewohnheiten zu ändern. Leider sind gerade die gesunden, belebenden Dinge nicht gerade die einfachsten oder verlockendsten, und unser Wille ist schwach. Als Yogalehrerin kenne ich die Vorteile von Yoga ganz genau, ich habe unzählige Übungen zur Auswahl und genieße sie auch – dennoch ist das Sofa manchmal einfach zu verführerisch, ich bin schließlich auch nur ein Mensch. Dann hilft es mir, meine Gedanken aufzuschreiben. Ich verwende mein Vitalitätstagebuch, um Self-care in die Tat umzusetzen.

Das Vitalitätstagebuch ist eine Zusammenfassung all Ihrer Ziele, Aktivitäten und Überlegungen zum eigenen Wohlbefinden. Der Prozess des Schreibens kann Ihnen das Gefühl vermitteln, die Kontrolle darüber selbst in der Hand zu haben, er schärft den Blick und richtet Ihren Fokus auf die Selbstfürsorge. Das Aufschreiben Ihrer Tätigkeiten stärkt das Verantwortungsgefühl und unterstützt Sie beim Erreichen Ihrer Ziele.

Die Aufzeichnungen helfen Ihnen, sich besser kennenzulernen, und damit tun Sie sich bereits Gutes. Kaufen Sie sich also ein Notizbuch, das Ihnen gut gefällt und mit dem Sie gerne arbeiten möchten. Wenn Sie dann Ihren Namen hineinschreiben, geben Sie sich selbst das Versprechen, gut auf sich zu achten. Notieren Sie darin Ihre Ziele, halten Sie alle Aha-Momente fest und stellen Sie sich einen persönlichen Self-care-Koffer zusammen.

Schreiben Sie alles auf, was Ihr Glück und Wohlbefinden steigert, selbst wenn es noch so banal erscheint. Je nach

Zielsetzung könnte es zum Beispiel ein bestimmtes Gericht, Alkohol, Sport, Schlaf und Entspannung sein. Halten Sie auch fest, wie Sie sich nach Ihrer Self-care-Aktivität fühlen, damit Sie die Wirkung auf Energielevel und Stimmung nachvollziehen können. Diese Aufzeichnungen helfen dabei, die Beziehung zwischen der Aktivität und ihren Auswirkungen besser zu verstehen.

Tragen Sie ins Vitalitätstagebuch alles ein, was Sie inspiriert, kleben Sie Bilder ein, notieren Sie sich Zitate. Wenn Sie Ihre schönen Momente aufschreiben, können Sie sich immer wieder daran erinnern. Aber verwenden Sie Ihr Notizbuch keinesfalls, um Dampf abzulassen. Unangenehme Dinge schreiben Sie besser auf einen Zettel und zerreißen ihn dann genüsslich. Denn negative Ereignisse, die Sie sich immer wieder ins Gedächtnis rufen, erleben Sie stets von Neuem. Lassen Sie Ihr Vitalitätstagebuch stattdessen eine Quelle für Positives sein, sodass Sie in ruhigen Momenten beim Durchblättern Ihre Batterien aufladen können.

Wenn Ihnen das Führen eines Tagebuchs im Moment zu aufwendig erscheint oder nicht zusagt, dann ist auch das in Ordnung, es gibt andere Möglichkeiten. Zum Beispiel können Sie Notizen im Smartphone oder in Ihren Onlinekalender festhalten oder einen privaten Instagram-Account anlegen, in dem Sie Ihre glücklichen Momente festhalten. Wichtig ist, eine Strategie zu finden, mit der Sie sich wohlfühlen.

NEUE GEWOHNHEITEN, DIE BLEIBEN

- Eigentlich wissen wir instinktiv, was wir unserer Gesundheit zuliebe tun müssten, doch es umzusetzen und beizubehalten, ist eine andere Geschichte. Nach meiner eigenen Erfahrung und der Beobachtung von Hunderten Klienten ist es am effektivsten, wenn Sie Veränderungen in kleinen Schritten vornehmen. Große Umwälzungen können eine fantastische Wirkung haben, doch wir werden schnell rückfällig, wenn uns etwas aus der Bahn wirft. Möchten Sie Veränderungen in Ihren Alltag integrieren, wählen Sie am besten Aktivitäten aus dem Vitalitätsrad, die sich leicht zu einer Gewohnheit ausbauen lassen. Sobald dies geschehen ist, können Sie sich den nächsten Schritt überlegen. Mit ein wenig Übung werden Sie merken, dass es immer leichter fällt, neue Angewohnheiten zu etablieren.

1. DER WILLE ALLEIN REICHT LEIDER NICHT

Willenskraft dient nicht nur dazu, Ungesundem zu widerstehen. Wir nutzen sie auch um höflich zu bleiben, Unsicherheit zu verbergen, das Richtige zu sagen, also im Prinzip für alles von Begegnungen auf der Straße bis zum Telefonat mit der Hotline. Das moderne Leben ist voller Lärm, Reize, Versuchungen und Wahlmöglichkeiten – und der für den Willen zuständige Teil des Gehirns kann sich nicht immer durchsetzen, wenn es um das Treffen der richtigen Entscheidung geht. Vielleicht haben Sie schon einmal gehört, dass der Wille wie ein Muskel ist und sich trainieren lässt? Dem kann ich nicht zustimmen, denn wenn ich am Ende eines Tages ausgelaugt bin, haben mich die vielen Male, in denen ich meinen Willen aufgerufen habe, eher willensmüde gemacht. Gewohnheit wird durch Wiederholung gefestigt, der Wille nutzt sich ab.

Wie können wir Willensschwäche entgegenwirken? Ich denke, es gibt drei Ansätze. Erstens: Reduzieren Sie die Anzahl der Entscheidungen, die Sie an einem Tag fällen müssen. Wie das geht, lesen Sie im Kapitel „Bewegung & Ernährung" (siehe Seite 80–97). Zweitens: Schrauben Sie die Macht der Versuchungen herunter, indem Sie sich mit Ihren Werten verbinden. Das behandeln wir eingehend im Kapitel „Werte & Intentionen" (siehe Seite 192–207). Und schließlich empfehle ich Ihnen, Ihre Willensreserven aufzufüllen, indem Sie sich entspannen, mit Ihrem Atem arbeiten, sich in der Natur bewegen, Alkohol meiden und Reizüberflutung durch elektronische Geräte minimieren. Für klares Denken und sinnvolle Entscheidungen ist ein ruhiger Schlaf unerlässlich.

2. WISSEN WARUM

Man muss nicht nur wissen, was man will, sondern auch, warum man es will. Wenn Sie die eigentliche Intention für den Wunsch nach einer Veränderung formulieren, dann motiviert Sie das und hilft Ihnen, die richtigen Entscheidungen zu treffen. Viele Menschen kommen zu mir und sagen, sie wollen fit werden. Dieses Ziel allein reicht aber nicht aus, um Sie zu motivieren, wenn die Versuchungen des Lebens auf Sie lauern. Sie sollten sich über das Warum im Klaren werden. Intentionen sind etwas Persönliches und Individuelles – die eine möchte ihre Fitness verbessern, um ein Vorbild für ihre Kinder zu sein, die andere will das Risiko für genetische Erkrankungen reduzieren, und die Nächste möchte sich auf eine Abenteuerreise vorbereiten. Wenn Sie sich des tieferen Sinns hinter Ihrem Ziel bewusst sind, können Sie Versuchungen leichter widerstehen und lassen sich auch nicht so schnell vom Weg abbringen.

3. SICH SELBST KENNENLERNEN

Solange Sie sich Ihres momentanen Verhaltens und seiner Folgen nicht ganz bewusst sind, können Sie gar nichts ändern. Nehmen Sie das Verhalten, das Sie an sich ändern wollen, wahr, indem Sie sich und Ihre Entscheidungen beobachten. In Ihrem Vitalitätstagebuch können Sie etwa nachlesen, was in der vergangenen Woche geschehen ist, wie Sie reagiert haben und was dabei herausgekommen ist. Funktionieren Ihre derzeitigen Strategien? Was könnten Sie anders machen? Die Bereitschaft für Veränderung und die Akzeptanz, dass eine Veränderung nötig ist, sind wesentliche Voraussetzungen. Wenn dies nicht gegeben ist, rate ich Ihnen, Ihr Warum zu hinterfragen und zu überlegen, ob das Ziel wirklich so wichtig für Sie ist.

4. NACHDENKEN ÜBER DAS VORGEHEN

Wenn Sie sich für eine bestimmte Vorgehensweise entschieden haben, denken Sie über Möglichkeiten nach, sie umzusetzen. Um beispielsweise Ihre Fitness zu steigern, sollten Sie sich jeden Tag mehr bewegen. Seien Sie realistisch und überlegen Sie genau, was Sie sich Tag für Tag zumuten können. Zehn Minuten sind eine vernünftige Einheit und bereits ausreichend, um fühlbare gesundheitliche Ergebnisse zu erreichen. Und das ist der Trick: Machen Sie jeden Tag Ihre zehn Minuten und setzen Sie dann ein Kreuz in Ihr Tagebuch oder Ihren Kalender. Eine Reihe von Kreuzen will man nicht unterbrechen, Sie haben also ein wirksames Tool geschaffen. Sollten Sie eine To-do-Liste führen, dann setzen Sie „Ihre" zehn Minuten an die oberste Stelle und halten Sie daran fest.

5. WAS KOMMT DANN?

Aus der regelmäßigen Tätigkeit entsteht eine Gewohnheit, so können wir mit einer gesunden Gewohnheit nach der anderen unser Leben verändern. Würdigen Sie diese Leistung und überlegen Sie erst, im Anschluss daran was als Nächstes kommen soll. Kleine, aber stetige Schritte führen zum Erfolg.

SO HILFT YOGA

- Seit über 20 Jahren ist Yoga ein wichtiger Teil meines Lebens und durch Yoga habe ich nach meinem Burn-out auch zurück ins Leben gefunden. Für mich ist es die passende Aktivität, um zu entspannen oder um mich zu konzentrieren. Das Yogaritual ist für mich gleich geblieben, aber je nach Lebensumständen oder Bedürfnissen habe ich die Übungen entsprechend angepasst. Yoga hat eine starke Anziehung, aber es kann auch ein Minenfeld sein. Durch die vielen verschiedenen Stile weiß man manchmal nicht, wo man beginnen soll. Was ich aber mit Sicherheit sagen kann, ist, dass es für jeden den passenden Yogastil gibt. Die Übungen in diesem Buch sind ein toller Einstieg, gerade für Anfänger, und können durch ihre Einfachheit dazu beitragen, dass auch geübte Yoginis oder Yogis neue Einsichten gewinnen.

- Alle meine Klienten haben Yoga „verschrieben“ bekommen, gleich ob sie mich als Personal Trainerin, Yogalehrerin oder Therapeutin aufsuchen. Yoga verwende ich, um ihnen zu mehr Fitness, Energie, Selbstvertrauen und einer positiven Einstellung zum eigenen Körper zu verhelfen. Klinische Studien belegen, was ich aus erster Hand in meiner Praxis erfahren habe, nämlich dass Yoga bei einer Reihe von Krankheiten hilft, dazu gehören Angstzustände[2], Depression[3], Schizophrenie[4], Stress[5], posttraumatische Belastungsstörung[6], Hypertonie[7], Herz-Kreislauf-Erkrankungen[8], Multiple Sklerose [9], Krebs[10], Arthritis[11], Diabetes[12], Schlafstörungen[13], Adipositas[14] und Osteoporose[15]. Ich habe Yoga schon mit Neugeborenen, Kleinkindern, Jugendlichen, Erwachsenen und ein paar wunderbaren Senioren über neuzig praktiziert. Yoga ist für jeden geeignet – ohne Zweifel.

Die Yogaübungen in diesem Buch sind ein toller Einstieg, gerade für Anfänger.

YOGA & DAS VITALITÄTSRAD

- In meiner Yogapraxis unterrichte ich Viniyoga, bei dem die Übungsabfolge um ein bestimmtes Ziel herum aufgebaut ist. Die in diesem Buch vorgestellten Yogaübungen sollen Elemente aus dem jeweiligen Feld des Vitalitätsrads ergänzen, sodass auch Ihr Körper in die mentalen Prozesse einbezogen wird. Die Yogaübungen im Kapitel „Schlaf, Ruhe, Entspannung & Atem" sollen beruhigend wirken, während die Übungen im Kapitel „Ziele & Erfolg" kräftigen und lockern. Ich habe auch Affirmationen hinzugefügt, die in Verbindung mit Bewegung und Atmung sehr viel Wirkung haben. Wenn Sie noch unentschlossen sind, versuchen Sie zunächst die Übungen der Kapitel „Schlaf, Ruhe, Entspannung & Atem" (siehe Seite 78–79) oder „Ziele & Erfolg" (siehe Seite 190–191).

HINWEISE ZU DEN YOGAÜBUNGEN

1

Praktizieren Sie jeden Tag mindestens eine Übung, auch wenn es nur ein Asana ist, bevor das Teewasser kocht.

2

Für diese Übungen muss man nicht gelenkig sein – sie fördern die körperliche Beweglichkeit, was auch Ihren Geist geschmeidiger macht.

3

Yoga dient der allgemeinen Kräftigung und bietet dem Körper eine besondere Form von Nahrung. Gehen Sie mit einer offenen Haltung an die Übungen heran und seien Sie liebevoll zu Körper und Geist.

4

Bewegen Sie sich langsam und achtsam – nichts sollte schmerzen, die Übungen dürfen gelegentlich eine Herausforderung sein, aber nicht wehtun. Atmen Sie möglichst natürlich durch die Nase ein und aus. Ein leicht fließender Atem ist ein Zeichen dafür, dass die Yogahaltung richtig ist. Wenn der Atem stockt, verlassen Sie die Position.

5

Bei Fragen oder Unsicherheiten konsultieren Sie Ihren Hausarzt und kontaktieren Sie einen Yogalehrer.

Kleine Juwelen ‣

‣ Das Vitalitätsrad soll Sie an die acht verschiedenen nährenden Wege erinnern. Die Felder des Rads sind: Schlaf, Ruhe, Entspannung & Atem; Bewegung & Ernährung; Bewältigungsstrategien; Körper & Umgebung; Beziehungen; Stimmungsbooster; Ziele & Erfolg; Werte & Intentionen.

‣ Arbeiten Sie mit so vielen Feldern, wie Sie möchten, und beginnen Sie mit den Themen, die Sie ansprechen. Dabei brauchen Sie nicht chronologisch vorgehen oder alles lesen.

‣ Fertigen Sie eine Mind-Map an, indem Sie eine Kopie des Vitalitätsrads mit Anmerkungen versehen. Notieren Sie sich Tools und Tipps aus dem jeweiligen Feld, die bei Ihnen resonieren. Hängen Sie die Mind-Map dort auf, wo Sie sie häufig sehen.

‣ Stellen Sie sich Ihren persönlichen Self-care-Koffer zusammen, indem Sie Hilfsmittel und Aktivitäten aufschreiben, die Ihnen am besten helfen. In Stresszeiten nutzen Sie den Koffer, um Auszeiten für sich zu planen. So machen Sie das Beste aus Ihrer Zeit.

‣ Um gesunde Gewohnheiten zu etablieren, legen Sie sich ein Vitalitätstagebuch an. Schreiben Sie alles hinein, was Ihnen gefällt, was bei der Erreichung Ihrer Ziele guttut und was Sie mit Freude erfüllt.

‣ Bleibende Veränderungen erreicht man in kleinen Schritten. Konzentrieren Sie sich immer nur auf eine Verhaltensweise oder Gewohnheit. Wille allein reicht dafür nicht aus. Schwächelnde Willenskraft können Sie durch gute Organisation überlisten. Klarheit über das Ziel ist dabei hilfreich. Nach jedem Ausführen der Handlung setzen Sie ein Kreuz in Ihr Tagebuch, bis sie zur täglichen Gewohnheit geworden ist, dann können Sie die nächste Veränderung angehen.

Notizen ▸

Probieren Sie neue Aktivitäten aus dem Vitalitätsrad aus, wenn Sie sich gelangweilt oder entkräftet fühlen oder mit Self-care hadern.

eins

SCHLAF, RUHE, ENTSPANNUNG & ATEM

Als meine Kinder noch sehr klein waren, schlief ich nie tief und fest, weil ich nur schwer loslassen und dadurch nicht abschalten konnte. Die Beziehung zwischen Schlafqualität und Denkleistung wurde mir zu der Zeit bewusst und mein Mantra hieß schon bald „Schlafen für die innere Gelassenheit". Nach durchwachten Nächten war ich tagelang wie gerädert und wurde schnell zornig. Selbst jetzt, nach Monaten guter Schlafphasen, hat eine unruhige Nacht deutliche Auswirkungen auf meine Stimmung und meine Konzentration. Das ist ganz natürlich. Erst wenn der Schlaf zurückkehrt, kehrt auch die Fülle in Ihr Leben zurück. Bis dahin können Sie einige Self-care-Techniken zum Aufpeppen erlernen.

DIE BEDEUTUNG VON SCHLAF

- Ich denke, dass Schlaf heutzutage in einem unverdient schlechten Ruf steht. Ein Satz wie „Schlafen kann ich, wenn ich tot bin" oder der Druck, ständig auf sozialen Medien unterwegs sein zu müssen, spiegeln die Vorstellung wider, dass Schlafmangel wesentlich für unseren Erfolg ist. Lassen Sie uns aber eines klarstellen: Schlaf ist ein menschliches Bedürfnis. Es ist weder faul, egoistisch, noch Luxus, wenn man ausreichend schläft. Doch meist ist Schlaf ausgerechnet das Erste, was geopfert wird, wenn das Leben randvoll ist. Und genau dann hat man Schlaf am dringendsten nötig! Wir brauchen ihn für die Zellerneuerung, für ein gesundes Nerven- und Immunsystem, um unser Körpergewicht zu regulieren, für die Stimmung, um das Gedächtnis zu stärken und für unsere kognitiven Fähigkeiten. Schlafmangel wird mit einem gesteigerten Risiko für Herzinfarkt, Schlaganfall, Diabetes, Adipositas, Stress und Entzündung des Zellgewebes in Verbindung gebracht. Er führt auch zu einem Verlust von Gehirnzellen und beschleunigt das Altern.

Steckt man gerade mitten in einer Krise oder erholt sich von einer akuten Stressphase, dann sollte der Heilungsprozess am besten mit Schlaf und Entspannung starten. Logisch, oder? Aber wenn Sie Eltern, Betreuer, Studenten, Führungskräfte oder Firmeninhaber fragen, werden sie wahrscheinlich lachen. In der Realität schaffen wir oft nicht, uns das zu geben, was wir brauchen und wollen. 34 Prozent der Deutschen geben an, den Wunsch nach mehr Schlaf zu haben, und die Häufigkeit der Ein- und Durchschlafstörungen hat von 2010 bis 2017 um 66 Prozent zugenommen[16]. Also sind Sie in bester Gesellschaft, wenn Sie unter permanentem Schlafmangel leiden. Können Sie jedoch nicht gut schlafen und haben nur wenig Zeit zum Ausruhen, so gibt es noch einen anderen, ähnlichen Weg zum Entspannen und Energietanken: atmen.

Während und nach schweren Zeiten schüttet der Körper große Mengen an Stresshormonen aus, die uns müde, depressiv und anfällig für Ängste machen. Das sympathische Nervensystem läuft auf Hochtouren, sodass man sich in einem Zustand ständiger Anspannung befindet. Um die Stresshormone aufzufangen, müssen wir unser parasympathisches Nervensystem (PNS) stimulieren, das für Ruhe und Verdauung zuständig ist. Am besten lässt sich das PNS durch ausreichend Schlaf, Ruhephasen und Entspannung sowie eine natürliche, gelöste und tiefe Atmung anregen.

Die folgenden Fakten und Zahlen sind überaus verblüffend und sorgen hoffentlich dafür, dass Sie Ihrem Schlaf mehr Aufmerksamkeit schenken. Wenn Sie in der kurzen Zeit von nur zwei Wochen sechs Stunden pro Nacht schlafen, ist Ihr Leistungsrückgang so stark wie nach 24 Stunden ohne Schlaf. Bei Menschen, die nur vier Stunden pro Nacht schlafen, entspricht der Rückgang sogar 48 Stunden ohne Schlaf[17]. Bleibt man 17 Stunden am Stück wach, so ist die kognitive Beeinträchtigung mit einem Alkoholgehalt von 0,5 Promille im Blut vergleichbar. Wenn Sie dann noch ein paar Stunden Wachzeit durchhalten, wird ein Äquivalent von 1,0 Promille erreicht, was Trunkenheit gleichkommt[18]. „Wer rastet, der rostet" ist also definitiv eine gefährliche Einstellung. Sich den bestmöglichen Schlaf zu gönnen ist alles andere als Luxus – es ist lebensnotwendig.

BESSER SCHLAFEN

- Für einen erholsamen Schlaf braucht man keine Zauberpillen. Es gibt auch kein Universalrezept, aber einige Grundregeln. Durch Ausprobieren finden Sie heraus, was Ihnen hilft.

Was ist erholsamer Schlaf?

- Erholsamer Schlaf muss nicht an einem Stück erfolgen. Durch die Menschheitsgeschichte hindurch bis zur Erfindung des künstlichen Lichts wurde der Schlaf in zwei Segmente unterteilt, während wir heute eine einzige durchgehende Schlafphase anstreben. Historisch gesehen ist unterbrochener Schlaf also der Normalfall, wobei die Wachzeiten, die einige Stunden andauerten, für Selbstreflexion, Gebete, Meditation, Lesen, Schreiben und Geschlechtsverkehr vorgesehen waren. Unser Aufwachen in der Nacht ist im Prinzip ein natürlicher Ausdruck vorindustrieller Schlafmuster.

Was lässt uns schlafen?

- Zwei maßgebliche Mechanismen versetzen den Körper in den Schlaf. Wer sie kennt, kann leichter richtige Entscheidungen treffen, die zu besserem Schlaf verhelfen. Schlaf- und Wachzyklen sind vom Biorhythmus abhängig, der jeweils individuell ist. Langstreckenflüge ebenso wie Bildschirmlicht unterdrücken die Melatoninproduktion. Wenn Sie morgens viel natürliches Licht tanken, kann das die Bildschirmbeleuchtung ausgleichen, der Sie auf der Arbeit ausgesetzt sind.

Bekommen Sie genügend Schlaf?

- Wenn Sie mit wenig Schlaf gerade so durchhalten, wird sich das rächen. Die meisten Erwachsenen brauchen sieben bis neun Stunden. Man kann auch mit weniger Schlaf auskommen, doch wie lange und auf welche Kosten? Das Schlafbedürfnis ist sehr individuell, deshalb finden Sie heraus, mit wie viel Stunden Schlaf Sie am besten funktionieren, und setzen Sie den Schlaf an erste Stelle. Wenn Sie abends noch viel erledigen, anstatt zu Bett zu gehen, sollten Sie sich fragen: „Muss das wirklich jetzt geschehen?" Selbst vor dem Fernseher abzuhängen ist nicht so entspannend wie der Schlaf, den Sie brauchen.

Achten Sie auf Reize

- Eine der Hauptursachen für Schlaflosigkeit ist die Unfähigkeit zu entspannen. Deshalb regulieren Sie die unterschiedlichen Reize möglichst während des ganzen Tages und nicht nur am Abend. Reduzieren Sie Ihren Koffein- und Zuckerkonsum, ich trinke etwa ab 14 Uhr keinen Kaffee mehr. Selbst wenn Sie meinen, dass Koffein keinen Einfluss auf Ihre Schlafqualität hat, kann es doch die Nebennieren beeinflussen. Das gilt auch für Ihre visuellen Eindrücke. Wir können durch das, was wir am Tag lesen, sehen oder hören, stark angeregt werden. Wenn Ihnen das Einschlafen schwerfällt, heben Sie sich spannende Dinge für ein anderes Mal auf und lesen, schauen oder hören Sie lieber etwas Beruhigendes.

DIE IDEALE SCHLAFUMGEBUNG

So wenig Licht wie möglich: Eine Glühbirne mit geringerer Leistung einschrauben oder das Flurlicht nutzen. Elektronische Geräte ausschalten und nicht daraufschauen. Verdunklungsvorhänge oder eine Schlafmaske.

Halten Sie den Raum kühl. Die ideale Schlafzimmertemperatur liegt bei 18 Grad.

Machen Sie Ihr Schlafzimmer zu einer Oase – mit Bettwäsche, in die Sie kaum erwarten können, hineinzuschlüpfen, und beruhigender Deko. Halten Sie den Raum sauber und ordentlich.

SCHAFFEN SIE EIN SCHLAFRITUAL

Seien Sie konsequent: Gehen Sie jeden Tag zur selben Zeit ins Bett und stehen Sie zur selben Zeit auf. Schlafexperten empfehlen zwar, gegen 22 Uhr ins Bett zu gehen, doch sollte man seine innere Uhr und die täglichen Verpflichtungen berücksichtigen. Schauen Sie, was am besten zu Ihrer momentanen Lebenssituation passt, und probieren Sie verschiedene Zeitfenster aus, um gut einzuschlafen und erfrischt aufzuwachen.

Digitaler Detox. Die letzten 30 Minuten vor dem Schlafengehen bildschirmfrei halten. Die negativen Effekte von elektronischen Geräten auf den Schlaf sind hinlänglich bekannt, trotzdem benutzen viele sie im Bett. Wenn Sie meinen, dass Ihr E-Reader entspannt, dann überlegen Sie. Sein Licht reduziert Schläfrigkeit so wie andere elektronische Geräte auch und beeinflusst Ihren Biorhythmus[19]. Alternativ lesen Sie ein Buch, hören Sie Musik oder ein Hörbuch.

Den Körper entspannen. Baden oder duschen Sie, oder testen bewusstes Atmen oder sanfte Yogaübungen (siehe Seite 78–79).

Entlasten Sie den Geist. Wenn sich Ihre Gedanken im Kreis drehen, schreiben Sie sie auf. Fragen Sie sich, ob alles wirklich so bedrückend ist, wie es erscheint. Notieren Sie das, was Sie am nächsten Tag in Angriff nehmen müssen, damit es aus Ihrem Kopf verschwinden kann. Sollte es etwas Belastendes geben, das Sie vom Entspannen abhält, dann sprechen Sie am besten mit jemandem darüber.

Beenden Sie den Tag mit einer positiven Notiz. Dafür nehmen Sie Ihr Vitalitätstagebuch und machen zunächst die Übung „Die drei Segnungen“ nach Martin Seligman[20]. Schreiben Sie drei positive Ereignisse vom Tag auf und – besonders wichtig – notieren Sie auch, warum sie passiert sind. Es gibt kein Falsch oder Richtig. Beobachten Sie, wie diese Übung Ihre Stimmung verändert.

Bereiten Sie sich aufs Schlafen vor, indem Sie sich Ihren Lieblingsschlafanzug anziehen und einen beruhigenden Duft wie Lavendel auf Ihren Körper oder Ihr Kopfkissen auftragen.

TIPPS ZUM EINSCHLAFEN

- Oft hindert einen der Verstand am Einschlafen. Statt den Kopf frei zu bekommen, gehen wir Gedanken nach, die uns anspannen. Ich habe eine Reihe von Mantras, auf die ich mich beim Einschlafen – oder wenn ich zwischendurch aufwache – verlassen kann.

- Wenn Sie zu Bett gehen, erlauben Sie sich zu ruhen. Sagen Sie etwa das Mantra: „Es ist Zeit zum Ausruhen." Falls aber etwas hochkommt, sagen Sie sich, dass dies nicht die Zeit ist, oder schreiben Sie es auf und lassen Sie dann los. Oder Sie sagen das Mantra: „Ich muss im Moment nichts tun." Genießen Sie es, sich nicht anstrengen zu müssen, auch wenn der Schlaf sich noch nicht einstellt.

- Fällt es Ihnen dann immer noch schwer, sich fallen zu lassen oder wieder einzuschlafen? Dann probieren Sie einmal dieses Mantra: „Wenn ich nicht schlafen kann, dann ruhe ich. Wenn mein Geist nicht ruhen kann, dann lasse ich meinen Körper ganz weich werden. Ich empfange das Einatmen, ich gebe mich dem Ausatmen hin. Ich werde zu meinem Atem." Wiederholungen des Mantras können Spannungen im Körper lösen und richten Ihren Fokus auf den Atem.

- Zählen Sie nicht die Schlafstunden, die Sie hatten oder nicht hatten. Sagen Sie sich stattdessen, dass Sie Schlaf bekommen haben, und gleichen Sie den Mangel mit Self-care-Techniken aus.

RUHE UND ENTSPANNUNG

- Auch bei ausreichend Schlaf ist es nötig, innezuhalten, zu ruhen und zu entspannen, um Gesundheit und Wohlbefinden zu stärken. Wir leben in einer koffeinhaltigen, adrenalinerfüllten Welt mit vielen Wettbewerbsanforderungen. Viele Menschen haben nur wenig Gelegenheit, ihr Energiekonto aufzufüllen. Die Bedeutung von echter Entspannung wird oft unterschätzt und als Faulheit abgetan – aber das ist nicht richtig. Jeder Mensch braucht Zeiten, in denen er einfach nur er selbst sein kann, ohne Mühen und Bestrebungen, ohne Problemlösen und Ehrgeiz.

Häufig höre ich von anderen, dass sie keine Zeit zum Ausruhen haben, doch ohne Ruhe wird Ihr Körper früher oder später zusammenbrechen und das ist schlimmer, als sich die nötige Zeit zum Entspannen zu nehmen. Erschöpfung macht uns anfälliger für Burn-out, Angstzustände, Depression, Krankheit und Verletzungen. Die vom Körper so erzwungene Ruhephase kommt dann garantiert noch viel ungelegener.

- **Auszeiten** ermöglichen Heilung, Reinigung und Entschlackung, und zwar sowohl auf zellulärer, also physiologischer als auch auf emotionaler und psychischer Ebene, indem sie die Energiespeicher auffüllen. Yoga verbinden wir meist mit Bewältigungsstrategien für Stress, aber es hat auch eine kräftigende Wirkung auf das Immunsystem[21]. Die sanfte Yogapraxis auf Seite 78–79 ist als tägliche Übung der perfekte Start in den neuen Tag.
- Das **Verweilen in Stille** regt das Zellwachstum an und steigert die Aufmerksamkeit. Wir alle benötigen Zeit, um Abstand zu gewinnen und Bilanz zu ziehen. Das hilft uns, klar zu denken und Entscheidungen zu treffen, die gut auf unsere Ziele abgestimmt sind.
- **Zeit mit sich selbst** öffnet die Augen für neue Möglichkeiten. Dadurch verändert sich der Fokus, sodass man mit einer anderen Blickrichtung in den Alltag zurückkehren kann. Durch MRT-Scans weiß man, dass Achtsamkeitsmediation innerhalb von nur acht Wochen die Struktur der Hirnregionen, die für die Regulierung von Stimmungen und Erregung zuständig sind, signifikant verändert[22]. Damit konnte zum ersten Mal in der Geschichte der Medizin nachgewiesen werden, welche positiven Auswirkungen Meditation auf das Gehirn hat.

- **Ruhe** verbindet Sie mit Ihrem Körper, sodass Sie intuitiv spüren, wann Sie etwas tun und lassen sollten. Das ist wichtig für ein harmonisches Gleichgewicht.
- **Wir haben uns so sehr daran gewöhnt, stets beschäftigt zu sein,** dass wir vergessen, wie man das Tempo drosselt. Man kann sogar nach Stress süchtig werden, denn wenn wir eine Pause einlegen, drängen sich schon mal beunruhigende Gedanken, Gefühle und Erinnerungen in den Vordergrund. Sollte Stille also in diesem Moment nicht das richtige Tool für Sie sein, dann versuchen Sie es mit einer anderen Methode der Entspannung.

MEINE LIEBLINGSENTSPANNUNGSÜBUNGEN

REGENERIERENDES YOGA

- Hierbei liegt man bewegungslos auf der Matte und schläft eventuell sogar ein. Ehrlich gesagt, ist es für mich die beste Stärkung, wenn ich mich einfach nur auf meiner Matte ausstrecke und innerlich fallen lasse. Und es war für mich eine hervorragende Alternative zum Insbettgehen, als ich Angst hatte, nicht einschlafen zu können. Wenn ich eine regenerierende Yogaposition zum Entspannen statt Schlafen einnehme, kann ich fünf Minuten darin verweilen und fühle mich erfrischt. Und falls ich dabei noch abtauche, also ein Schläfchen mache – umso besser!

Vom Ablauf her führt man regenerierende Yogaübungen meist im Liegen mit Hilfsmitteln wie Kissen oder Decken aus. Statt einzuschlafen, liegt die Intention darauf, den Geist mit physischen Empfindungen im Körper oder mit der Atmung zu verbinden. Bei Erschöpfung oder Schlafmangel sollte man nicht gegen das Einschlafen ankämpfen. Genau das braucht der Körper in diesem Moment und wenn man in einer sicheren und bequemen Position liegt, warum sollte man da nicht einschlafen? Regenerierendes Yoga hilft nicht nur bei chronischer Erschöpfung, sondern ist für jeden geeignet, der sich entspannen möchte, auch wenn er ansonsten in Topform ist. Diese Yogastellungen können den Blutfluss anregen, Blockaden im Körper lösen und die Atemwege öffnen, um neue Kraft zu sammeln.

EINFACHE MEDITATIONEN

- Sollte der Gedanke an Meditation Sie abschrecken, versuchen Sie es trotzdem einmal. Einige Meditationsformen wirken vielleicht anregend auf Sie, dann sollten Sie eine andere Form wählen, die besser zu Ihnen passt. Bei Reizüberflutung könnte es schwierig sein, in einer Sitzmeditation zur Ruhe zu kommen. Dann ist es sinnvoll, den Geist meditativ mit einem Mantra zu verbinden.

- **Meditieren Sie beim Duschen.** Seien Sie vollkommen präsent und spüren Sie, wie das Wasser auf Ihren Körper rieselt. Fühlen Sie, wie es Ihre Haut reinigt und Ihre Probleme wegspült.
- **Spüren Sie den Atem mit Yoga-Mudras (Handgesten).** Setzen Sie sich in einer bequemen Position aufrecht hin, entweder auf ein Kissen auf dem Boden oder auf einen Stuhl. Entspannen Sie Schultern und Kiefer und legen Sie Ihre Handrücken auf den Oberschenkeln ab. Nehmen Sie ein paar entspannte Atemzüge – und folgen Sie Ihrem Atem dabei. Sanft berühren Ihre Daumen die Spitze der Zeigefinger. Spüren Sie, wie Ihr Atem in den Bauchraum gelenkt wird und wie wohltuend sich das anfühlt. Nehmen Sie jeweils zehn Atemzüge oder atmen Sie einige Minuten. Als Nächstes falten Sie die übrigen drei Finger in die Handflächen. Spüren Sie, wie dadurch der Atem in den Brustkorb gelenkt wird und wie dieser sich weitet. Dann legen Sie Ihre Daumen in die Handflächen und schließen die Finger sanft darüber. Spüren Sie, wie Ihr Atem zum Schlüsselbein und oberen Rücken gelenkt wird, dabei lösen sich Verspannungen. Nun gehen Sie zum vierten Mudra über, indem Sie die Fingerrücken vor Ihrem Bauchnabel so zusammenbringen, dass die Handflächen nach außen und oben zeigen. So verbindet der Atem alle drei Bereiche – fühlen Sie, wie er sich entspannt ausdehnt. Dann legen Sie Ihre Handrücken wieder auf die Oberschenkel und machen ein paar entspannte Atemzüge, bevor Sie in den Tag zurückkehren.

- **Meditation „Ich bin".** Diese Meditation können Sie als Sitzmeditation oder während einer anderen Tätigkeit beispielsweise auf dem Weg zur Arbeit, am Schreibtisch oder beim Geschirrspülen machen. Beim Einatmen sagen Sie die Wörter „Ich bin", beim Ausatmen fügen Sie ein weiteres positives Wort hinzu wie: „o. K.", „ruhig", „voller Energie", „einfallsreich", „stark", „geduldig", „liebevoll", „geliebt", „konzentriert", „gesund", „gesegnet" ... Sie können immer wieder denselben Satz wiederholen oder mit jeder Ausatmung ein anderes Wort ergänzen. Vielleicht fällt es Ihnen ja leichter, beim Einatmen „ich" zu sagen und beim Ausatmen „bin" – diese Tatsache ist unanfechtbar.
- **Schönheit wahrnehmen.** Egal, wo Sie gerade sind, suchen Sie das Inspirierende und Aufbauende. Schönheit hebt die Stimmung und macht Sie offen für Bewunderung. Vielleicht sehen Sie von Ihrem Arbeitsplatz aus die Wolkenlandschaft. Oder Sie richten Ihren Blick auf die Bäume, die Sie auf Ihrem Weg zur Arbeit sehen. Stellen Sie zu Hause eine Vase mit Blumen auf, die Sie betrachten können. Nehmen Sie Kunstwerke um sich herum und auch architektonische Schönheit wahr.
- **Legen Sie eine Entspannungsbibliothek an.** Dazu gehören Zeitschriften, Bücher, Fotoalben, Musik, Fernsehsendungen, Filme und auch Ihr Vitalitätstagebuch, insbesondere, wenn Sie darin glückliche Momente festhalten. Erstellen Sie eine Achtsamkeits- oder Meditationssammlung und nutzen Sie diese, um zur Ruhe zu kommen.
- **Praktizieren Sie Yoga-Nidra.** Diese Yogaform ist eine Art gelenkte Entspannung, die nicht nur zur Erholung dient, sondern auch – wie die Forschung gezeigt hat – Depressionen und Angstzustände lindern kann[23]. Suchen Sie sich dafür einen gemütlichen Platz und kuscheln Sie sich ein.

Schönheit hebt die
Stimmung und macht
offen für Bewunderung.

ENTSPANNEN AM SCHREIBTISCH

Aufrecht sitzend Stirn, Augen, Kiefer, Hals, Schultern, Hände und Beckenboden entspannen. Wiederholen Sie das Mantra: „Ich lasse alles los, was ich nicht brauche" oder „Ich lasse alles gehen, was mir nicht guttut".

Drehen Sie Ihren Kopf einige Male sanft von rechts nach links und wieder zurück.

Dehnen Sie Ihren Hals, indem Sie abwechselnd – vorsichtig – das rechte Ohr zur rechten Schulter und dann das linke Ohr zur linken Schulter ziehen.

Lassen Sie Ihr Kinn auf die Brust fallen und spüren Sie, wie sich der Nacken dehnt. Ziehen Sie abwechselnd das Kinn zur rechten Schulter und wieder zur Brust zurück, dann zur linken Schulter und wieder zur Brust zurück. Spüren Sie, wie Ihr Kopf schwer und Ihr Gesicht weicher wird.

Beim Einatmen ziehen Sie die Schultern zu den Ohren und beim Ausatmen rollen Sie sie nach hinten und unten.

Lassen Sie Handgelenke und Fußknöchel in beide Richtungen kreisen.

Aufrecht sitzen und den Oberkörper nach rechts drehen. Dabei beide Hände auf den rechten Oberschenkel legen und über die rechte Schulter schauen. Dann nach links wiederholen.

Spüren Sie Ihren Atem. Dafür legen Sie Ihre Handflächen auf die Oberschenkel – das können Sie auch unter dem Schreibtisch tun, ohne dass man Sie dabei sieht. Beim Einatmen spreizen Sie Ihre Finger weit auseinander und spüren Sie, wie Ihr ganzer Körper mehr Luft aufnimmt. Beim Ausatmen bilden Sie eine leichte Faust und nehmen wahr, wie sich Ihre Lungen besser entleeren.

Genießen Sie einen Duft. Handcremes, Deoroller oder ein duftendes Gesichtsspray können beruhigen oder Energie spenden.

Geben Sie Blütenessenzen wie Bachblüten in Ihr Wasser und nehmen Sie so die Heilkraft der Blüten auf. Ich fühle mich dann, als würde ich wortwörtlich „Mut“ oder „Ruhe“ trinken.

Erden Sie Ihre Stirn, indem Sie sie auf einen festen Untergrund legen. Denken Sie etwa an Homer Simpson, der seine Hand auf die Stirn legt und dabei „Nein“ sagt. Dadurch beruhigt sich das Nervensystem. Falten Sie Ihre Hände, legen Sie sie mit den Handflächen nach unten auf den Schreibtisch und legen Sie Ihre Stirn auf den Handrücken ab – das bringt sofort zur Ruhe. Oder Sie machen zwei Fäuste und drücken die Daumenwurzeln sanft gegen die Stirn.

ERHÖHEN SIE IHREN ENERGIEPEGEL DURCH DEN ATEM

- Wenn es Ihnen schwerfällt, Schlaf, Ruhe und Entspannung zu finden, dann bleibt immer noch der Atem zur Regeneration. Zwischen Atem, Gesundheit und Geist gibt es eine starke Verbindung. So wie Stress die Atmung beeinflusst, so beeinflusst die Atmung auch Körper und Geist. Wenn wir lernen, frei zu atmen, stärken wir die Grundlage für unsere Heilung[24]. Die Yogaübungen am Ende dieses Kapitels helfen, den Atemrhythmus zu verbessern und in einen natürlichen, ausgeglichenen und entspannten Atem zu finden.

Die neuesten Forschungsergebnisse der Psychologin und Glücksexpertin Emma Seppälä bestätigen diese Wirkung des traditionellen Yoga. Seppälä und ihr Team halfen Soldaten, die traumatisiert aus Kriegsgebieten im Irak und in Afghanistan zurückgekehrt waren[25]. Sie erarbeitete mit ihnen eine Atemmeditation zur Beruhigung des Nervensystems, um Angstzustände und Symptome einer posttraumatischen Belastungsstörung zu reduzieren. Erfreulicherweise hielt die positive Wirkung auch ein Jahr später noch an, was darauf hindeutet, dass Atemtechniken eine lang anhaltende, wenn nicht sogar dauerhafte Wirkung haben können. Ein beliebtes Mantra von mir lautet: „Weiter Atem – weiter Geist.“ Der Atem ist immer vorhanden und Sie atmen ständig. Lernen Sie also, seine heilende Kraft zu nutzen. So beginnen wir.

- Finden Sie eine bequeme Sitzhaltung und verbinden Sie sich mit Ihrer Atmung – Sie brauchen nichts zu tun, lassen Sie Ihren Atem fließen und versuchen Sie nicht, ihn zu verändern. Denken Sie nicht über Ihren Atem nach, nehmen Sie ihn einfach nur wahr. Beobachten Sie die Einatmung, die kleine Atempause, die Ausatmung und die Pause. Atmen Sie ohne Anstrengung und lassen Sie die natürlichen Pausen zu, ohne sie verlängern zu wollen – außer, es tut Ihnen gut.
- Beobachten Sie, wie der Atem Ihren Körper erfüllt und wo Sie ihn spüren. Das kann in der Brust bis unter das Schlüsselbein sein, an den Schulterblättern, den Seiten, im Bauch und sogar im unteren Rücken. Nehmen Sie einfach den Fluss Ihres Atems wahr.
- Beobachten Sie die Ausdehnung des Körpers beim Einatmen und die sanfte Entspannung beim Ausatmen. Nehmen Sie mit jedem Einatmen frische Energie auf und mit der Ausatmung lassen Sie alles los.

Machen Sie diese Übung zu verschiedenen Zeiten am Tag, sodass Ihr Atem wie von selbst zu einem gleichmäßigen Rhythmus finden kann. Nach meiner Erfahrung kann man sich nicht gestresst fühlen, wenn man gleichmäßig atmet. Und das kann man überall und jederzeit!

Kleine Juwelen

- Sie haben keine Medaille verdient, wenn Sie zu wenig schlafen, ausruhen und entspannen. Ruhephasen haben nichts mit Faulheit, Egoismus oder Luxus zu tun, sondern sind wesentlich für Ihre körperliche, geistige und emotionale Gesundheit.

- Gönnen Sie sich ausreichend Schlaf, gerade wenn Sie krank, gestresst oder belastet sind. Erwachsene benötigen meist sieben bis neun Stunden.

- Gönnen Sie sich Raum und Zeit zum Entspannen und Beleben mit regenerierendem Yoga, einfachen Meditationen, Wertschätzung von Schönheit und Ihrer eigenen Entspannungsbibliothek.

- Je besser Sie sich entspannen, desto besser ist auch Ihr Schlaf. Nutzen Sie den ganzen Tag über verteilt kleine Momente der Entspannung mit sanften Bewegungen, Atemarbeit und Mantras.

- Reduzieren Sie die Reizüberflutung und mäßigen Sie Ihren Koffein-, Zucker-, Alkohol- und Bildschirmkonsum.

- Entwickeln Sie ein Einschlafritual, indem Sie Ihren Geist mithilfe der Übung „Die drei Segnungen“ regulieren. Entspannen Sie auch den Körper mit Duschen, Baden oder sanften Dehnübungen. Verpflichten Sie sich zu 30 Minuten digitalem Detox und gehen Sie stets um dieselbe Zeit ins Bett.

- Schaffen Sie sich eine Schlafoase, indem Sie das Licht abdunkeln und das Zimmer angenehm kühl halten.

- Wenn Sie nicht einschlafen können, dann ruhen Sie sich einfach aus. Bleibt Ihnen keine Zeit für eine Pause, so achten Sie auf Ihren Atem. Schlaf, Ruhe, Entspannung und Atem heilen das Nervensystem und halten Stresshormone im Zaum.

- Nutzen Sie Mantras: Schlafen für die innere Gelassenheit. Muss das wirklich jetzt geschehen? Jetzt ist Zeit zum Ausruhen. Jetzt wird nichts von mir verlangt. Wenn ich nicht schlafen kann, dann ruhe ich. Wenn mein Geist nicht ruhen kann, dann lasse ich meinen Körper ganz weich werden. Ich empfange das Einatmen, ich gebe mich dem Ausatmen hin. Ich lasse alles los, was ich nicht brauche. Ich lasse alles gehen, was mir nicht guttut. Weiter Atem – weiter Geist.

- Nutzen Sie Ihren Atem, indem Sie ihm nachspüren. Dafür brauchen Sie nichts Besonderes, achten Sie nur auf die Einatmung, die kleine Pause, die Ausatmung und die nächste Pause.

YOGA ZUM AUSRUHEN, ENTSPANNEN & SCHLAFEN

Diese regenerierenden Yogapositionen werden in Stille und mit ruhigem Atem durchgeführt.

Kindhaltung

In den Vierfüßlerstand kommen, die Knie mindestens hüftweit auseinander. Beim Ausatmen den Po zu den Fersen senken und die Stirn auf dem Boden oder auf den gefalteten Hände ablegen, sodass die Schultern weich werden. Oder die Arme nach hinten strecken, sodass die Hände neben den Füßen auf dem Boden liegen und mit den Innenseiten nach oben zeigen. Die Stellung soll für Schultern und Rücken angenehm sein. 5–10 entspannte Atemzüge lang verweilen, wenn es sich gut anfühlt. Beim Einatmen nachspüren, wie sich die Spannung im Rücken löst.

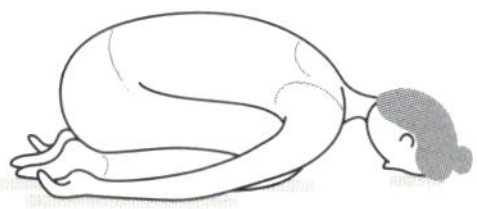

Taubenhaltung

Aus dem Vierfüßlerstand das rechte Knie zur rechten Hand bringen und den rechten Unterschenkel zur linken Hüfte abwinkeln, sodass der rechte Fuß schräg nach links zeigt. Das linke Bein nach hinten strecken und den Körper zu Boden sinken lassen. Die Stirn kann auch auf den Handrücken liegen. Ellenbogen weit auseinander auf den Boden bringen und die Schultern weich werden lassen. Dabei die Rücken-, Gesäß- und Oberschenkelmuskulatur spüren. Die Position 5–15 Atemzüge lang halten, dabei auf die Verlängerung des Atems konzentrieren. Dann die Seite wechseln.

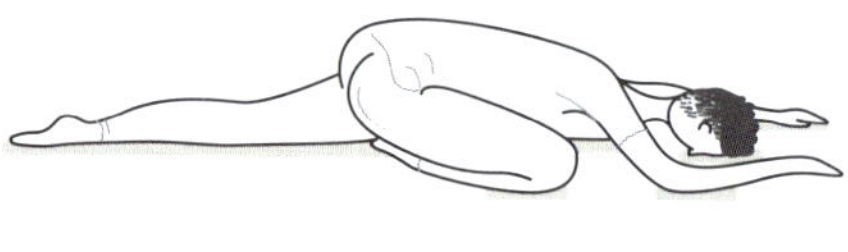

Beine auf dem Sofa oder an der Wand

Ein Kissen und eine Decke zurechtlegen. Auf den Boden seitlich zur Wand oder zum Sofa setzen. Langsam auf den Rücken legen und die Beine an der Wand hochstrecken oder auf dem Sofa ablegen. Die Wand bietet einen größeren Erholungseffekt, dehnt aber die Kniesehnen stark. Wichtig ist, dass Sie sich wohlfühlen. Das Kissen unter den Kopf legen und die Decke über den Körper. 5 Minuten oder länger in dieser Position bleiben. Es gibt nichts anderes zu tun, als weich zu werden und loszulassen.

Shavasana

Eine gefaltete Decke unter den Kopf legen, eine Nackenrolle oder eine gerollte Decke unter die Knie, ein Augenkissen auf die Augen und eine Decke über den Körper, falls es zu kalt sein sollte. Mit diesen Utensilien auf den Rücken legen. Die Füße mindestens hüftbreit auseinander und die Zehen zur Seite fallen lassen. Die Arme im 45-Grad-Winkel vom Körper mit den Handflächen nach oben hinlegen. Spüren, wie der Körper in den Boden sinkt. Zu sich selbst sagen: „Im Moment muss ich nichts tun", und mit der Aufmerksamkeit bei den Empfindungen des Atems und des Körpers bleiben, während er sich entspannt. Mindestens 5 Minuten in dieser Position verweilen.

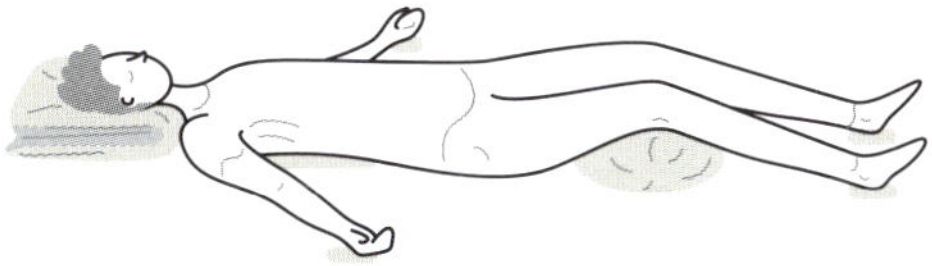

zwei

BEWEGUNG & ERNÄHRUNG

Ich erinnere mich noch lebhaft daran, wie meine Mutter mich nach Charlottes Geburt zum Essen anhalten musste. Denn wenn Charlotte schlief, hatte ich nur noch das Bedürfnis, mich hinzulegen. Aber meine Mutter erinnerte mich an die Worte meines Vaters: „Wenn du isst wie ein Spatz, bekommst du ein Spatzenhirn." Als Psychiater war er sehr versiert darin, die richtigen Worte zu finden. Wer klar denken will, muss essen. In meiner zweiten Schwangerschaft mit Ted habe ich dafür gesorgt, dass immer genug Gebäck und einfache Lebensmittel im Haus waren (ganz zu schweigen von dem kompletten Regenbogenkuchen, den ich in Teds erster Lebenswoche verschlang). Dadurch konnte ich einen erneuten energetischen Zusammenbruch vermeiden.

Wenn Sie sich in einer Krise befinden oder von einem Burn-out erholen, ist es nicht der richtige Zeitpunkt für eine Nahrungsumstellung – dennoch ist dieses Kapitel wichtig für Sie. Wir müssen unser Gehirn und unsere Lebensgeister mit Bewegung und Essen nähren, damit wir den Anforderungen des Lebens gewachsen sind. Bevor Sie ein anspruchsvolles Training aufnehmen, sollten Sie Ihren Körper zunächst von den Schäden des Stresses befreien. Bei Erschöpfungszuständen nehmen Sie sich das Kapitel „Schlaf, Ruhe, Entspannung & Atem" vor (siehe Seite 56) und machen Sie die Yogaübungen (siehe Seite 78–79) daraus. Das beruhigt und belebt, ohne die Energiereserven des Körpers anzuzapfen. Möchten Sie an Ihrem Körper arbeiten oder durch mehr Energie belastbarer werden, dann kann Ihnen dieses Kapitel die richtigen Werkzeuge an die Hand geben, um nachhaltige Entscheidungen für einen gesunden Lebensstil zu treffen. Dabei können die Yogaübungen unterstützend wirken.

Meinen Fokus auf die Arbeit und das Training erlangte ich erst wieder, als Charlotte in den Kindergarten kam – nun hatte ich Zeit, Raum und Energie für andere Dinge! Es schien, als hätten wir den Sturm überstanden und ich mein Gleichgewicht wiedergefunden. Als sich meine Kraftreserven wieder aufbauten, spürte ich, dass es Zeit wurde, auch meinen Körper wieder fit zu machen. So startete ich meine achtwöchige „Körper-Geist-Challenge". Dabei ging es darum, mich gut zu ernähren und mehr zu bewegen, zu einer nachhaltigen Lebensweise zurückzufinden. Diese Zeit war von dem Ziel geprägt, eine bestmögliche körperliche Verfassung zu erlangen, um mich auf ein weiteres Baby vorzubereiten.

Bewegung und Ernährung sind ein weites Feld, doch ich versuche, diese Themen möglichst einfach und realistisch darzustellen, damit Sie einen guten Zugang zu ihnen finden. Im Mittelpunkt steht dabei die Erkenntnis, dass Willenskraft allein nicht ausreicht. Schwächeln ist einfach menschlich, Sie können also aufhören, es sich selbst schwer zu machen! Um Willensschwäche auszugleichen, haben wir zwei Strategien entwickelt: Zum einen kann man die Anzahl von Entscheidungen reduzieren und zum anderen psychologische Tricks verwenden, die die Macht von Verlockungen mindern, sodass wir nicht dauernd auf unsere Willenskraft angewiesen sind.

Statt eines Einheitsansatzes, werfen wir lieber einen Blick auf die Psychologie vernünftiger Bewegung und gesunder Ernährung. Ich stelle allgemeine Prinzipien vor und gebe Tipps, die Sie beim Brainstorming für Ihre Self-care-Unternehmungen zu den Themen Bewegung und Ernährung inspirieren können.

Ein kleiner Hinweis, bevor wir uns an die Änderung von Ernährungs- und Bewegungsmustern machen: Was auch immer Sie verändern wollen, setzen Sie auf Langfristigkeit! Gehen Sie in kleinen Schritten voran, um durch Essen und Körperarbeit zu einem gesunden und glücklichen Leben zu finden. Große, weitreichende Veränderungen kann niemand durchhalten.

VERNÜNFTIGE BEWEGUNG

1. 20 Minuten Bewegung am Tag

Hier geht es nicht um Sport, sondern um Bewegung. Man kann mit den Kindern tanzen, im Garten arbeiten, staubsaugen oder spazieren gehen. Jeder Schritt zählt.

2. Bewegung für den Geist

Das Ziel ist nicht, Bauchmuskeln und Oberschenkel zu straffen. Sportliche Bewegung hilft Ihnen, klar zu denken und kreativ zu sein. Sie löst Anspannungen und unterstützt Sie dabei, bessere Entscheidungen zu treffen. Denken Sie daran, Bewegung ist kein Zeitvertreib, sondern ein wesentlicher Teil Ihrer Selbstfürsorge.

3. Abwechslung und Spaß

Wenn Sie eine Form von Bewegung finden, die Spaß macht, fällt es Ihnen leichter, regelmäßig diese Übungen durchzuführen. Vergessen Sie den Irrglauben, dass nur schmerzhafte Übungen wirken. Die Vorstellung, dass Sport wehtun muss, überlassen Sie lieber Spitzenathleten. Seien Sie auch bereit, verschiedene Dinge auszuprobieren, wenn Sie Ihr Training nicht wirklich genießen, und beharren Sie nicht auf einer Übungsform. Durch die Abwechslung für Körper und Geist bleibt die Motivation erhalten und Sie bleiben am Ball.

4. Vorausplanung

Suchen Sie nach Zeitfenstern für sich und planen Sie. Veränderungen geschehen nicht von allein, man muss darauf hinarbeiten. Recherchieren Sie, welche Kurse oder Bewegungsarten zu Ihnen und Ihrem Lebensstil passen. Ihre Trainingssachen bleiben am besten im Auto, sodass Sie jederzeit bereit sind. Beziehen Sie auch die Kinder und Freunde mit ein und lassen Sie Bewegung zur Gewohnheit werden. Wenn es trotzdem nicht klappt, bleiben Ihnen immer noch die Yogaübungen am Ende dieses Kapitels (siehe Seite 96–97) – keine Ausreden!

5. Alles, was möglich ist

Selbst fünf Minuten sind immer noch besser als gar nichts. Man muss nicht alles auf einmal machen. Bewegung hat einen kumulativen Effekt, deshalb nehmen Sie sich Zeit, wo es geht.

SO SETZT MAN DIE ÜBUNGEN UM

- Sie benötigen keinen Vertrag im Fitnessstudio und auch keine besondere Ausrüstung. Alles, was Sie brauchen, ist Ihren Körper! Machen Sie einen Spaziergang. Nutzen Sie Ihre Umgebung – Hügel, Treppen und Bänke – für Step-ups, Liegestütze und Dips. Lernen Sie Gleichgewichtsübungen wie Kniebeugen und Ausfallschritt und kombinieren Sie sie mit Walking- oder Joggingeinheiten. Nicht nur angeleitete Übungen sind sinnvoll! Wie möchten Sie sich spontan bewegen? Lieber stehen oder sitzen? Lieber laufen oder fahren?

Manchmal tausche ich meine Übungen gegen einen Zoobesuch mit meinem Sechsjährigen – das ist genauso viel Lauferei! Anstatt sich mit Freunden in ein Café zu setzen, holen Sie sich doch einen Coffee to go und gehen Sie gemeinsam spazieren.

Ihre Übungen machen Sie am besten am frühen Morgen. Schon eine kleine Übungseinheit bedeutet eine klare Ansage an Ihre Gesundheit – denn nach der Bewegung werden Sie sich eher für gesundes Essen entscheiden, weil Ihre vorherigen Bemühungen ja nicht völlig umsonst sein sollen.

Stellen Sie sich auf gesunde Bewegung ein. Überlegen Sie im Voraus, was Ihnen bei den Übungen im Weg stehen könnte, und denken Sie sich Lösungsstrategien aus. Praktisch sind etwa Konstruktionen wie: „Wenn A passiert, dann mache ich B."[26] Diese Sätze helfen bei Willensschwäche und führen häufig zu guten Entscheidungen. Falls Laufen auf dem Plan steht, könnte der Ausweichsatz lauten: „Wenn es regnet, rolle ich meine Yogamatte zu Hause aus." Oder falls Müdigkeit ein Hindernis für das Training sein sollte: „Wenn ich müde bin, stehe ich auf und mache stattdessen etwas Ruhiges; ich bewege mich auf jeden Fall, denn ich möchte Energie tanken." Oder bei Zeitdruck: „Wenn ich keine freie Minute für mich finde, höre ich meine Lieblingsmusik und tanze beim Zubereiten des Abendessens."

Schon seit Jahren propagiere ich den Wert der „spontanen" Übungen – jede Bewegung, nicht nur die angeleitete, zählt, wenn es um Gesundheit und Fitness geht. Das bedeutet, dass Putzen ebenso effektiv sein kann wie ein Work-out. Eine neuere Studie zeigt, wie wir das Potenzial von Bewegung noch besser für uns nutzen können[27].

An der Studie nahmen Zimmermädchen teil, die den ganzen Tag über anstrengende körperliche Arbeit im Hotel ausübten. Eine Gruppe von Zimmermädchen wurde genau über die Vorzüge von Sport informiert und darüber aufgeklärt, dass bei 15 Minuten Staubsaugen 50 Kalorien verbrennen. Außerdem sagte man ihnen, dass sie sich an einem Tag weitaus mehr bewegten, als es die nationalen Gesundheitsrichtlinien für tägliche Bewegung empfehlen.

Die andere Gruppe wurde auch über die Vorzüge von Körperübungen unterrichtet, aber nicht darüber, dass ihre Arbeit als Sport gelten kann.

Beim Vergleich der beiden Gruppen stellte man fest, dass es von Vorteil ist, zu wissen, was alles als „Sport" gelten kann.

In der Studie wurden die Zimmermädchen nach einem Monat ärztlich untersucht. Nur vier Wochen, nachdem sie erfahren hatten, dass ihre Arbeit Sport ist, sank ihr Gewicht um durchschnittlich ein Kilo, der Blutdruck um zehn Punkte und auch das Körperfett schmolz – das alles ohne eine Ernährungsumstellung oder zusätzliches Training. Diese Veränderungen wurden nur dadurch hervorgerufen, dass die Zimmermädchen sich der positiven Auswirkung ihrer körperlichen Arbeit bewusst waren.

Die Ergebnisse verdeutlichen die immense Kraft unseres Geistes. Wenn Sie das nächste Mal im Garten arbeiten oder die Treppe nehmen könnten, machen Sie sich bewusst, dass dies Ihre Bauch- und Oberschenkelmuskulatur kräftigt. Überlegen Sie bei jeder Bewegung, wie sie sich mit der Kraft des Geistes für Veränderungen im Körper nutzen lässt.

GESUND ESSEN

- **Der Schlüssel zu einer nachhaltigen gesunden Ernährung ist, sich häufiger für das Gute zu entscheiden.**
  Essen Sie unverarbeitete Lebensmittel – frisch und vollwertig. Sättigen Sie sich eher mit Proteinen (Fleisch, Fisch und Eiern), frischem Obst und Gemüse als mit Kohlenhydraten. Junkfood meiden Sie am besten. Der Anfang ist immer das Schwerste, deshalb beginnen Sie am besten jetzt. Wenn Sie rückfällig werden, fangen Sie von vorn an, nicht morgen oder nächste Woche. Jetzt.

- **Arbeiten Sie nach dem Prinzip „Energie rein, Energie raus".**
  Wenn Sie abnehmen oder Ihr Körperfett reduzieren möchten, müssen Sie mehr Energie verbrennen, als Ihr Körper aufnimmt.

- **Achten Sie auf Ihr Hungergefühl.**
  Vermutlich haben Sie das alles schon gehört: Hungern Sie nicht – denn dann werden Sie wahrscheinlich schlechte Entscheidungen treffen. Hören Sie auf zu essen, wenn Sie satt sind. Das funktioniert am besten durch langsames und achtsames Kauen. Gestehen Sie sich auch ehrlich ein, wenn Sie aus anderen Gründen als Hunger zu Essen greifen. Finden Sie dann andere Wege, um die Leere zu füllen, oder essen Sie etwas Gesundes, aber auf keinen Fall minderwertiges Junkfood.

▸ **Füttern Sie Ihr Gehirn und heben Sie Ihre Laune.**
Sie können nicht erwarten, sich körperlich und geistig fit zu fühlen, wenn Sie nicht genug gegessen haben. Und ebenso wenig können Sie erwarten, ruhig und ausgeglichen zu sein, wenn Sie sich mit Koffein und Zucker vollgepumpt haben. Nähren Sie Ihr Gehirn und Ihre Stimmung durch eine regelmäßige gute Ernährung.

▸ **Eine gute Planung ist das A und O.**
Planen Sie Ihre Mahlzeiten und schreiben Sie eine Einkaufsliste. Am besten tun Sie das mindestens zwei Tage im Voraus, sodass Sie nur einmal einzukaufen brauchen. Bereiten Sie das Essen zu und nehmen Sie es bei Bedarf mit. Sie können auch überlegen, was Sie sich mal gönnen möchten und wie Sie dieses Extra später wieder ausgleichen. Haben Sie immer etwas Gesundes parat – gerade das Einfache sollte gesund sein.

SO KLAPPT ES MIT DER GESUNDEN ERNÄHRUNG

SICH SELBST KENNEN & HANDELN

- Sensibilisieren Sie sich für Ihre Ernährung und übernehmen Sie Verantwortung. Halten Sie in Ihrem Vitalitätstagebuch fest, was Sie essen und trinken (siehe Seite 41). So lernen Sie Ihre Stärken und Schwächen kennen. Was essen Sie? Was machen Sie gut und in welchen Bereichen könnten Sie noch etwas aufmerksamer sein? Haben Sie eine Mahlzeit des Tages gemeistert, aber die anderen könnten noch Raffinesse vertragen? Klappt es mit den Mahlzeiten schon sehr gut, aber die Auswahl der Snacks könnte noch verbessert werden? Sie allein wissen, was Sie ändern müssen. Beginnen Sie mit einem Brainstorming zu möglichen Speisen und nähern Sie sich stetig Schritt für Schritt einer optimalen Ernährung an.

ERSATZ FINDEN

- Welche Lebensmittel können Sie (relativ schmerzfrei) durch andere ersetzen? Kaffee ist für mich beispielsweise eine „Einstiegsdroge" – ich möchte Zucker hinzufügen und dann immer mehr Süßkram essen. Wenn ich aber grünen Tee trinke, verspüre ich dieses Bedürfnis nicht. Aber das ist bei jedem anders. Was können Sie ersetzen?

SIND SIE EIN GENUSS- ODER EIN SUCHTTYP?

- Als Genusstyp geben Sie sich hin und wieder kleinen Genüssen hin, doch der Gedanke, etwas ganz vom Speiseplan zu streichen, stresst Sie total. Als Suchttyp hingegen fällt es Ihnen schwer, nach dem ersten Bissen wieder aufzuhören. Dann ist es besser, sich der Versuchung gar nicht erst auszusetzen[28]. Seien Sie ehrlich zu sich selbst, finden Sie heraus, welcher Typ Sie sind, und planen Sie dementsprechend Ernährung und Einkauf. Vielleicht kommen aber auch beide Varianten bei Ihnen vor. Ich könnte mir zum Beispiel ein Leben ohne Burger, Rotwein und Schokolade nicht vorstellen, sodass ich eigentlich ein Genusstyp sein müsste. Allerdings bin ich auch Suchttyp, denn bei manchen Dingen kann ich mich kaum beherrschen: Bei Milchschokolade etwa bleibt es nie bei einem einzigen Riegel. Um dieses Problem zu vermeiden, verzichte ich lieber darauf, Milchschokolade im Haus zu haben. Stattdessen kaufe ich mir Zartbitterschokolade, von der ich nur wenig esse.

PROGRAMMIEREN SIE IHR GEHIRN UM

- Überlegen Sie im Voraus, welche Esssituationen eine Herausforderung für Sie darstellen könnten, und suchen Sie nach Methoden, sie zu umgehen. Schreiben Sie „Wenn A, dann B …“-Sätze in Bezug auf Ernährung auf (siehe Seite 86), sodass Sie sich nicht auf Ihre Willensstärke verlassen müssen. Wenn ich beispielsweise Kaffee trinken möchte, dann tue ich es mit entrahmter Milch und ohne Zucker. Bei Verabredungen schlage ich einen Spaziergang vor, anstatt etwas zu essen. Habe ich im Restaurant Lust auf ein Dessert, dann teile ich es mir mit jemandem.

GENUSS MIT HINGABE

- Mein Lieblingsrat ist: Wenn Sie etwas genießen möchten, dann mit voller Hingabe. Sie haben mehr Freude an einem Stückchen Schokolade, das Sie mit Genuss essen, als an einem ganzen Riegel, den Sie mit Schuldgefühlen hinunterschlingen. Vielleicht stellen Sie fest, dass Sie zum Glücklichsein gar nicht so viel brauchen. Und es muss auch nicht so oft sein. Überlegen Sie, wie Sie kleine Schlemmereien in Ihren Ernährungsplan integrieren können, um sie ohne Reue zu genießen.

Kleine Juwelen

Ob Sie sich voller Energie oder ausgebrannt fühlen – gutes Essen und Bewegung sind die Basis Ihres Wohlbefindens. Bei Erschöpfung wählen Sie sanfte, beruhigende Bewegungen und essen Sie, um gute Laune zu bekommen.

Der Wille allein reicht nicht aus, um sich stets gesund zu ernähren und regelmäßig zu bewegen – überlisten Sie sich selbst mit Bedingungssätzen. Planen Sie das Essen für eine Woche im Voraus, um Versuchungen aus dem Wege zu gehen.

Bewegen Sie sich immer wieder anders, sodass Sie Stress abbauen können und gleichzeitig Ihre Kreativität fördern. Wenn Sie wissen, warum Sie etwas tun, verstärkt sich der positive Nutzen der Tätigkeit noch.

Veränderungen sollten langfristig sein. Eine schnelle Veränderung kann zu einmaligen beeindruckenden Ergebnissen führen, aber sie ist meist nicht von Dauer. Kleine, konstante Schritte hin zu neuen Gewohnheiten garantieren langfristige Veränderungen.

Bewegen Sie sich täglich mindestens 20 Minuten, jede Bewegung zählt.

Nachhaltige, gesunde Ernährung braucht eine Balance zwischen zugeführter Energie und verbrauchter Energie. Achten Sie auf Ihr Hungergefühl und treffen Sie möglichst oft die richtige Entscheidung. Finden Sie gesunde Ersatzleckereien und genießen Sie mit voller Hingabe.

Notizen ▸

YOGA ZUR ANREGUNG DES STOFFWECHSELS & FÜR DIE FIGUR

Grätsche mit erhobenen Armen

Die Füße etwas weiter als schulterbreit aufstellen und die Zehen im 45-Grad-Winkel nach außen richten. Die Beine strecken und die Arme über den Kopf nehmen. Beim Ausatmen die Knie beugen und in die Hocke gehen, dabei die Arme nach unten nehmen. Die Übung 6–10-mal wiederholen, dabei sollten Sie ein Gefühl der Belebung im ganzen Körper verspüren.

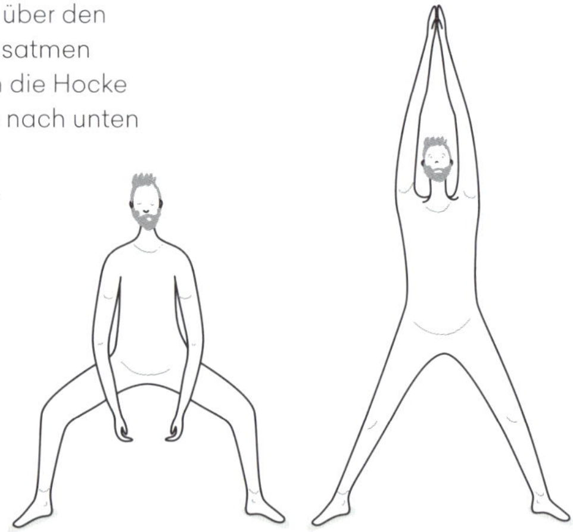

Ausfallschritt

Mit den Füßen hüftbreit auseinander ans Ende der Yogamatte stellen. Einatmen und mit dem rechten Fuß einen großen Schritt nach vorne machen, dabei das rechte Knie tief beugen, ohne dass das linke Knie den Boden berührt. Beim Ausatmen den rechten Fuß wieder neben den linken zurücksetzen. Nun den Ausfallschritt mit dem linken Fuß machen. Abwechselnd 5–10-mal mit jedem Fuß wiederholen. Nachspüren, wie dadurch Wärme in Ihrem Körper freigesetzt wird.

Vorbeuge in der Grätsche

Die Füße in doppelter Schulterbreite aufstellen, dabei die Außenkanten parallel zueinander ausrichten. Beim Einatmen die Hände an die Hüften bringen und das Herz nach oben öffnen. Ausatmen, in der Hüfte beugen und die Fingerspitzen auf den Boden setzen. Sie können auch die Knie erst beugen und dann vorsichtig strecken, soweit es geht. Wichtig ist, dass die Wirbelsäule sich entspannt und streckt. Entscheiden Sie selbst. Nehmen Sie 5–10 Atemzüge zum Energie auftanken.

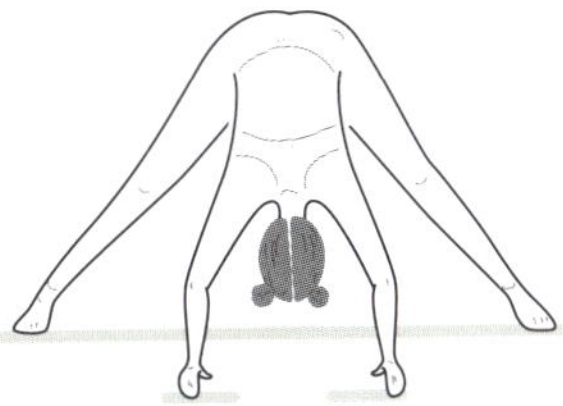

Unendlichkeitskreislauf

Die Füße etwas weiter als schulterbreit aufstellen und die Zehen nach vorne richten. Beim Einatmen die Hände vor dem Herzen zusammenbringen. Beim Ausatmen die rechten Zehen im 45-Grad-Winkel nach außen drehen, dabei das rechte Knie beugen, den Oberkörper nach vorne und die Hände nach unten bringen. Beim Einatmen die Hände in einem Bogen über den Kopf führen und wieder vor der Brust zusammenbringen. Das ist eine Hälfte des Unendlichkeitskreislaufs. Das Ganze mit der linken Seite wiederholen, um den Kreislauf zu vervollständigen. Diese Übung insgesamt 6-mal auf jeder Seite durchführen. Spüren Sie die sich freisetzende Energie.

drei

BEWÄLTIGUNGSSTRATEGIEN

▸ Es hört sich lächerlich an, aber es war die Wäsche, die das Fass zum Überlaufen brachte – alles, was ein kleiner Engel mit Reflux braucht, die Wäsche für meinen Vater und die meiner Mutter, als sie sich erholte. Stets hatte ich riesige Wäscheberge vor Augen, dabei waren es nur zwei Maschinen pro Tag (plus die Versorgung meines Neugeborenen und meines Vaters), aber in meinem Kopf machte ich die Wäsche von heute, von morgen, es nahm kein Ende. Nur ein kleines Tool war nötig, um mein unheilvolles Denken zu beenden.

Das Feld „Bewältigungsstrategien" des Vitalitätsrads macht Sie mit der Macht unserer Gedanken vertraut. Es ermöglicht Ihnen, mit Stresssituationen zurechtzukommen, in denen das Denken blockiert ist und der innere Druck immer stärker wird. Es sind unsere Gedanken, die den Schmerz noch steigern und alles ausweglos erscheinen lassen. Wir generalisieren und lassen uns überwältigen von dem Gedanken an Katastrophen, die scheinbar immer weitere Kreise ziehen und niemals enden.

Die hier vorgestellten Techniken sollen helfen, mit schwierigen Situationen besser umzugehen und Belastungen zu bewältigen. Außerdem bilden sie eine Abwehrmauer, die Atempausen schenkt, in denen Heilung möglich ist. Ich empfehle Ihnen, das Kapitel mehrmals zu lesen und die Techniken anzuwenden, die Ihnen am meisten entsprechen. Die Yogaübungen vermitteln ein Gefühl von innerer Stärke und Frieden.

EINEN RING DARUMLEGEN

- Dies ist einer der besten Tipps überhaupt. Er half mir, wieder in die Spur zu kommen, als mir das Leben so hart mitspielte, und auch heute noch nutze ich diese Technik täglich, obwohl inzwischen alles gut läuft. Sie ermöglicht Ihnen auf einfache Weise die ausschließliche Konzentration auf eine Sache oder Zeitdauer. In den ersten Monaten nach der Geburt meiner Tochter, als ich mit der Wäsche überfordert war, legte ich einen mentalen Ring um diese Tätigkeit. Dadurch war ich in der Lage, in diesem Moment nur eine einzige Aufgabe zu sehen, nämlich genau eine Maschine Wäsche und nicht 1000. Und das konnte ich bewältigen.

Anfang der letzten Sommerferien überlegte ich, wie ich meine beiden Kinder ganze sechs Wochen lang beschäftigen sollte. Da half mir der Gedanke, dass es ja nicht sechs Wochen am Stück sein müssen! Jeder kennt dieses Gefühl von Verzweiflung, einen riesigen, unüberwindlichen Berg vor sich zu haben, doch wenn man ihn in einzelne Teilstücke zerlegt, ist er einfacher zu bewältigen. Dadurch kann man jeden Tag so nehmen, wie er kommt. Legen Sie einen Ring um den Tag und gehen Sie ihn an. So machen Sie es Stunde für Stunde, Minute für Minute, bis Sie den Tag vollendet haben.

Der mentale Ring ermöglicht Ihnen auch, einen besonders fordernden Teil des Lebens herauszugreifen – vielleicht machen Sie gerade eine schwierige Phase in Ihrer Beziehung durch oder auf der Arbeit gibt es Probleme. Diese Technik führt Ihnen vor Augen, dass momentan auftretende Probleme nicht das ganze Leben sind, sondern nur eine Facette davon, die Sie gerade beschäftigt. Oder machen Sie im Moment turbulente Zeiten mit verschiedenen Baustellen durch? Auch diese Phase können Sie gedanklich einkreisen und als eine Ausnahmezeit in Ihrem Leben erkennen. Selbst wenn Sie nicht wissen, wann sie endet, kann der Gedanke Trost spenden, dass sie nicht ewig andauert. Wenn Sie einen Ring um eine schwere Phase legen, schaffen Sie sich etwas mehr Raum, um herauszufinden, wie Sie am besten mit den aktuellen Umständen umgehen. Der Ring kann Ihnen auch dabei helfen, mehr von dem einen und weniger von dem anderen zu tun, Ihre Prioritäten herauszufiltern, um andere Lasten beiseitezuschieben, bis Sie mehr Kapazitäten haben, und – besonders wichtig – andere gezielt um Hilfe zu bitten.

SETZEN SIE GRENZEN

- Es ist ganz einfach: Finden Sie heraus, was in und was außerhalb Ihrer Macht steht. Die Visualisierung des blauen Kreises hilft dabei. Fragen Sie sich: „Kann ich etwas daran ändern?“ Wenden Sie Ihre Energie, Mühe und Aufmerksamkeit auf das, worauf Sie Einfluss haben und was Sie steuern können. Erkennen Sie, worauf Sie keinen Einfluss haben. Sorgen und Wünsche sind Zeitverschwendung, wenn sie außerhalb Ihrer Macht liegen. Lernen Sie Ihre Grenzen kennen und spüren Sie, wie sich Ihr Leben vereinfacht, wenn Sie Ihre Aufmerksamkeit und Ihr Handeln entsprechend ausrichten. Es wird zwar immer wieder sehr wichtige Dinge geben, die sich unserer Kontrolle entziehen, doch es liegt in unserer Macht, wie wir darauf reagieren.

ACHTSAMKEIT

- Achtsamkeit hat mir geholfen, mit schmerzhaften Ereignissen in meinem Leben umzugehen, ohne dass sie mich überwältigten und ein Teil von mir wurden – wir alle sind mehr als nur unsere Geschichte. Die Achtsamkeit schuf Raum zwischen mir und den Erfahrungen, und diese Distanz nahm mir etwas von dem Schmerz. Durch Achtsamkeit wurde ich zur Beobachterin meines Lebens und konnte es dadurch mit weniger inneren Konflikten akzeptieren. Die Dinge würden sowieso geschehen und indem ich ihnen erlaubte zu sein, fiel es mir leichter, mich für eine Reaktion zu entscheiden.

WAS IST ACHTSAMKEIT?

- Achtsamkeit ist, den gegenwärtigen Moment liebevoll wahrzunehmen, ohne ihn zu beurteilen. Unser Verstand ist gewöhnlich äußerst aktiv, er rast zu dem, was als Nächstes passieren könnte, und zurück in die Vergangenheit, um sie neu abzuspulen. Ein Zustand ohne Achtsamkeit ist wie das Schalten auf Autopilot, wo wir diesen mentalen Vorgängen ausgeliefert sind. Wenn wir uns im Chaos unserer Gedanken zu verlieren drohen, bringt uns die Achtsamkeit zurück auf den Fahrersitz.

Das Zauberwort dabei lautet „urteilsfrei". Ein Bewusstsein, ohne zu urteilen, kann befreiend sein – denn dann braucht man den Moment nicht zu bekämpfen und man muss nicht reflexartig darauf reagieren. Stattdessen können wir von außen erkennen, was vor sich geht und wie wir darüber denken. Erst dann treffen wir eine bewusste Entscheidung. Achtsamkeit gibt uns die Kraft, unsere Automatismen zu durchbrechen, und sie verbindet uns mit unserer inneren Weisheit.

WAS ACHTSAMKEIT NICHT IST

- Achtsamkeit bedeutet nicht, dass Sie das Leben einfach laufen lassen – Sie haben immer noch Entscheidungen zu treffen und zu handeln. Achtsamkeit lässt uns erkennen, dass wir mehr sind als unsere Gedanken, Gefühle, Erinnerungen und Empfindungen. Vielmehr sind wir Zeugen dieser vorübergehenden Zustände. Diese Erkenntnis allein kann schon sehr heilend sein.

  Achtsamkeit praktizieren heißt nicht, dass wir unser geistiges Erleben einschränken. Es gibt immer wieder Zeiten, in denen wir tief in Gedanken versunken sind, schönen Erinnerungen nachhängen oder mit großer Vorfreude etwas erwarten. Achtsamkeit lässt uns die Wahl, wie und wann wir unseren Geist auf eine bestimmte Weise einsetzen.

WEGE DER ACHTSAMKEIT

- **Achtsam essen:** Nehmen Sie wahr, was Sie essen – auch Geruch, Textur und Farbe. Trinken Sie langsam und bewusst in kleinen Schlucken und spüren Sie Ihren Empfindungen nach.
- **Achtsam atmen:** Spüren Sie die Wirkung des Atems. Versuchen Sie nicht, etwas zu ändern, atmen Sie ganz natürlich. Nehmen Sie wahr, wie die Einatmung den Körper weitet und ganz einbezieht. Spüren Sie die Entspannung bei der Ausatmung.
- **Achtsam sitzen:** Achten Sie darauf, was um Sie herum geschieht. Was sehen Sie, was hören und was riechen Sie? Spüren Sie die Empfindungen Ihres Körpers – die Erdung der Füße auf dem Boden, die Dehnung der Wirbelsäule, wenn die Krone des Kopfes in den Himmel ragt. Nehmen Sie wahr, wie Ihre Gedanken abschweifen, und holen Sie sie, ohne zu urteilen oder sich zu ärgern, liebevoll zurück.
- **Achtsam gehen:** Beim Spazierengehen beobachten Sie, was in Ihrem Inneren und um Sie herum geschieht. Betrachten Sie die Umgebung, die Tiere, die Menschen, den Himmel, das Grün, die Häuser und was in Ihnen vor sich geht. Nehmen Sie alles wahr, ohne zu urteilen und ohne sich darin zu verlieren.

ACHTSAMKEIT INS TÄGLICHE LEBEN INTEGRIEREN DURCH DIE DREI A

1

Ein paar tiefe **Atemzüge.** Seien Sie einfach nur bei Ihrem Atem. Dies wird Ihnen helfen, zu einem Ort der Ruhe und Gelassenheit zu finden. Bleiben Sie dort so lange, wie Sie es brauchen.

2

Achtsam sein. Beobachten Sie, was um Sie herum und in Ihnen geschieht. Falls Sie es nicht mögen, spüren Sie einen Widerstand, der sich nicht gut anfühlt. Nehmen Sie Ihren Körper so an, wie er ist.

3

Die Reaktion **auswählen.** Erkennen Sie, dass Sie eine Wahl haben. Vielleicht brauchen Sie im Moment nichts zu tun, vielleicht aber doch. Sowohl Mitgefühl als auch Neugierde können hilfreich sein. Ich arbeite dann oft mit der Frage „Wie wäre es, wenn ...".

MITGEFÜHL

- Auch wenn Achtsamkeit ein wirksames Tool ist, reicht sie alleine nicht aus, sie muss mit Mitgefühl verbunden sein, ansonsten kann sie einen überfordern. Bewusstsein und Zulassen muss in Mitgefühl für sich selbst und für andere eingebettet sein.

Mitgefühl ist die Fähigkeit, das Leiden anderer klar zu erkennen und zu sehen. Es entspringt dem Wunsch, Leidenden zu helfen und ihnen Wohlwollen entgegenzubringen. Gleichzeitig ist es auch ein Anerkennen des anderen als Menschen. Eines meiner liebsten Mantras zum Thema Mitgefühl ist: „Wir sitzen alle in einem Boot." Zu wissen, dass Sie nicht allein sind, kann sehr heilend sein, und das Gefühl von Verbundenheit ermutigt uns weiterzumachen.

WIE ENTWICKELT MAN MITGEFÜHL?

- Wir müssen bei uns selbst anfangen, auch wenn das schwierig erscheint. Mitgefühl für sich selbst ist so wichtig wie Mitgefühl für andere. Wir kennen alle den Satz „Du kannst nur jemanden lieben, wenn du dich selbst liebst" – aber wie lernt man das? Sprechen Sie einfach zu sich selbst, so als würden Sie zu einer Freundin oder einem Freund sprechen.

- **Beobachten Sie, wie Sie zu sich selbst sprechen** (Ihre innere Stimme und das, was Sie laut sagen). Man kann erst dann etwas ändern, wenn man genau weiß, was man ändern will – finden Sie es also heraus.
- **Sagen Sie nur Dinge zu sich selbst, die Sie Ihrer besten Freundin oder Ihrem besten Freund sagen würden.**
- **Wenn Sie merken, dass Sie streng sind, werden Sie sanft und erkennen Sie, wie schwer das sein kann.** Sagen Sie bewusst: „So möchte ich nicht mehr mit mir umgehen", und finden Sie neue Worte, ohne sich selbst zu beschimpfen.

Das kritische Selbstgespräch entspringt einem Perfektionismus, weil wir denken, dass wir die Erwartungen an uns selbst nur dann erfüllen können, wenn wir streng zu uns sind. Doch negative Selbstgespräche fördern weder unsere Leistungsfähigkeit noch Selbstvertrauen, Gesundheit oder Wohlbefinden. Sie machen uns nicht zu einer besseren Person, sie sabotieren uns nur. Seien Sie realistisch – Sie sollen Ihre Gedanken, Handlungen und Intentionen zwar bewerten, aber auf wohlwollende Art und Weise.

Immer wieder berichten mir Menschen, dass sie mit dieser Methode so etwas wie ein Erwachen erlebten, das alles verändert hat. Freundliche Selbstgespräche erlauben uns, anders mit Fehlern umzugehen, zu lernen und zu wachsen. Ich möchte, dass Sie zusehen können, wie Freude, Selbstwertgefühl, Geduld und eine größere Fähigkeit, konstruktiv mit den Belastungen des Lebens umzugehen, in Ihnen erblühen.

Ein anderes Mantra, das mein Mitgefühl gefördert hat, lautet: „Du bist sicher, du wirst geliebt, du wirst getragen." Diese Worte kamen auf der Yogamatte zu mir, als ich mit Ted schwanger war. Als meine Hände meinen Bauch streichelten, wiederholte ich sie immer wieder für ihn. In der Verbindung dieser Worte fand ich tiefen Frieden und ich bemerkte, dass sie auch mir als Erwachsene ein großer Trost waren. Denn dies sind genau die Dinge, die wir alle brauchen, um uns zu entfalten: das Gefühl, dass wir sicher sind, dass wir geliebt und getragen werden. Die größten Herausforderungen in meinem Leben bestätigen mir immer mehr: Wir müssen lernen, für uns selbst zu sorgen, so wie Eltern es tun.

Wenn dieses Mantra bei Ihnen resoniert, dann nehmen Sie sich einen Moment Zeit, es aufzusagen. Suchen Sie sich einen bequemen Platz im Sitzen oder Liegen, lassen Sie Ihre Hände entspannt ruhen und schließen Sie die Augen. Lassen Sie Ihren Atem ganz natürlich fließen und Ihren Körper weich werden. Wiederholen Sie mehrmals: „Ich bin sicher, ich werde geliebt, ich werde getragen."

ERLAUBEN SIE SICH ZU FÜHLEN, WAS SIE FÜHLEN.

▸ Einer der größten Schritte in meinem Heilungsprozess war, als meine Therapeutin zu mir sagte: „Natürlich fühlst du so." Es war, als ob eine große Last von mir genommen würde, und es half mir, besser zurechtzukommen. Weil meine Gefühle als normal galten, war ich in der Lage, sie als Teil von mir zu akzeptieren, sodass ich mich leichter durch mein Leben bewegen konnte. Gefühle deutlich beim Namen zu nennen, hilft, sie an die Oberfläche zu bringen, und erlaubt ihnen, sich aufzulösen.

Und hier kommt eine weitere reine Wahrheit: Als Psychologin ist es nicht mein Ziel, aus meinen Klienten ewig glückliche Menschen zu machen. Das wäre weder realistisch noch hilfreich. Ein normaler psychischer Zustand bedeutet nicht, dass keine unangenehmen Gefühle mehr vorhanden sind! Es ist normal, dass man manchmal angstvolle oder depressive Gedanken hat. Das sind nur Gedanken und bedeutet nicht zwangsläufig, dass man dann „angstvoll“ oder „depressiv“ ist. Und jetzt kommt der entscheidende Punkt: Es ist völlig in Ordnung, negative Gedanken und Gefühle zuzulassen!

ALLE GEFÜHLE HABEN EINEN SINN

▸ Wir streben nicht nach ständigem Glück, sondern danach, in verschiedenen Situationen emotional angemessen zu reagieren, sodass sich der gewünschte Erfolg einstellt. Alle Gefühle haben ihre Berechtigung und ich unterscheide nicht mehr zwischen positiv und negativ. Ärger fühlt sich nicht schön an, aber er schützt uns und hilft uns, für unsere Ansichten einzustehen. Trauer ist zwar schmerzhaft, aber die natürliche Reaktion auf Verlust und so wie Traurigkeit auch eine Aufforderung an uns, nachzudenken, langsamer zu werden und unsere Kräfte zu schonen. Scham ist ein Signal, dass wir etwas falsch gemacht haben und dass eine Korrektur nötig ist. Schuld deutet darauf hin, dass wir die eigenen Wertvorstellungen missachtet haben und unser Verhalten ändern müssen. Zweifel veranlasst uns, unsere Fähigkeiten zu überprüfen. Keines dieser Gefühle ist besonders angenehm, aber sie haben einen gesunden Grund und ein gesundes Ziel.

Es ist völlig in Ordnung,
negative Gedanken und
Gefühle zuzulassen!

Versuchen wir, unsere Gefühle zu unterbinden, zu ignorieren oder zu verleugnen, so verstärkt sich das Leiden noch. Wir finden nur Frieden, wenn wir lernen, auch schwierige Gefühle zu ergründen. Indem wir lernen, Gefühle zu benennen und zu deuten, kann Veränderung geschehen – das Gefühl ist noch da, doch wir können leichter mit ihm umgehen. Erforschen Sie Ihre momentanen Emotionen und überlegen Sie, wie sich das, was Sie spüren, auf andere Weise beschreiben ließe. Viele Menschen kommen mit Angstzuständen zu mir, aber wenn wir uns die Ängste genauer ansehen, dann finden sich viele Facetten darin – Aufregung, Furcht, Traurigkeit, Verletzlichkeit. Andere suchen mich nach einem schrecklichen Verlust auf und sagen, sie wollen nicht mehr so fühlen oder sie sollten nicht so fühlen. Der Punkt ist, dass sie nicht geheilt werden müssen und dass nichts zu geschehen braucht, um ihre Trauer zu unterbinden. Ich biete ihnen vielmehr einen sicheren Ort, um ihre Gefühle und Gedanken auszudrücken. Dies geschieht in liebevoller Weise, sodass meine Klienten sich entspannen können. Ich erinnere sie dann, dass Trauer die gesunde Reaktion auf Verlust ist und an sich kein Grund zur Besorgnis besteht. Auch wenn diese Gefühle unbequem sind, müssen sie doch verarbeitet werden, damit andere Empfindungen wie tiefe Dankbarkeit, Erleichterung und Liebe freigelegt werden können und die Möglichkeit haben, sich zu entfalten.

Zum menschlichen Leben gehört auch das Leiden in bestimmten Situationen. Wir müssen uns erlauben, solche Empfindungen zuzulassen, denn jeder Versuch, sie zu vermeiden, vergrößert letztlich nur noch den Schmerz. Der einzige Weg führt nach vorn. Schmerz ist eine Tatsache des Lebens und unerlässlich für unser persönliches Wachstum. Gehen Sie liebevoll mit sich um, geben Sie sich Zeit und Raum zu fühlen, was ist – und Selbstfürsorge hilft Ihnen dabei.

PESSIMISTISCHES DENKEN

- Es ist wichtig, dass wir uns unsere Gefühle erlauben, aber es gibt auch Lebensphasen, in denen unser Denken regelrecht vergiftet wird. Dann kreisen unsere Gedanken immer wieder um das, was getan oder gesagt wurde, oder um unsere Empfindungen oder Probleme. Wir müssen uns mit Dingen in unserem Leben auseinandersetzen, aber zu viel Denken hilft selten, besonders, wenn wir uns kraftlos fühlen. Das kann sogar zu einer Ansammlung unheilvoller Auswirkungen[29] führen wie etwa ständigem Pessimismus und andauernder Deprimiertheit. Anstatt die Gedanken wirr kreisen zu lassen, geben Sie Ihrem Geist einen Anker wie etwa Musik, Mantras, Ihren Atem oder Körperarbeit. Dies kann helfen, anschließend den Kern Ihres Problems zu erkennen, um eine kreative Lösung zu finden.

Schreiben Sie Ihre Sorgen auf. Das hilft beim Sortieren der Gedanken und beim Erkennen von grundlegenden Zusammenhängen. Werfen Sie anschließend Ihre Aufzeichnungen weg, um nicht an Negativem festzuhalten. Sie können auch mit einer Freundin oder einem Freund darüber reden. Indem Sie laut aussprechen, was Sie bewegt, kann Klarheit in den Geist einkehren und den emotionalen Ballast der unkontrollierbaren Gedanken regulieren. Wenn andere Ihre Gefühle teilen, dann kann das allein schon hilfreich sein. Achten Sie darauf, sich mit wechselnden Freunden negativ auszutauschen – denken Sie auch an ihr Energiekonto. Richten Sie den Blick von oben auf Ihre Sorgen und fragen Sie sich: „Ist das in einem Jahr noch wichtig?" Falls ja: „Was lerne ich jetzt und wie kann es mein Wachstum unterstützen?"

DAS UNGLÜCK UMDEUTEN

Trauer, gekoppelt mit Belastung durch mein Neugeborenes, ließ in mir den Eindruck entstehen, dass ich an einer Art posttraumatischem Stresssyndrom litt. Als ich Martin Seligmans Buch *Wie wir aufblühen* las, wurden mir die Augen geöffnet. Er spricht über posttraumatisches Wachstum (engl. Post-traumatic Growth – PTG), einen Begriff, den ich noch nie gehört hatte, der mir aber plötzlich eine Ahnung davon vermittelte, dass mein lähmender Zustand möglicherweise den Weg zu etwas Positivem eröffnen würde. Schon diese Vorstellung gab mir Kraft und noch heute sehe ich die Blüte, die daraus entstanden ist. Ich hoffe, dass dieses Konzept auch Ihnen nützlich sein kann, und wenn nicht jetzt, dann vielleicht in der näheren Zukunft.

POSTTRAUMATISCHES WACHSTUM

- Der Begriff PTG wurde 1995 von den Psychologen Richard G. Tedeschi und Lawrence G. Calhoun geprägt[30] und bezeichnet eine positive psychische Veränderung, die aus der mühsamen Auseinandersetzung mit besonders herausfordernden Lebensumständen resultiert. PTG meint keine Rückkehr zur vorherigen Ausgangsbasis nach einer Phase des Leidens, sondern vielmehr eine Verbesserung, die für manche sehr bedeutsam ist. Eine Studie[31] hat gezeigt, dass eine signifikante Anzahl von Personen, die an Symptomen wie Depression und Angstzuständen litten, nach extremen Schwierigkeiten letztendlich zu besserer psychischer Gesundheit fanden als vorher.

Ich möchte betonen, dass PTG keinesfalls Leiden relativieren will, und ich möchte auch Wendungen im Leben nicht im Hinblick auf richtig und falsch, gerecht oder ungerecht bewerten. Es geht vielmehr darum, wie man mit ihnen umgeht. Die Geschehnisse haben unbestritten Schmerzen verursacht, doch gleichzeitig oder zumindest später stellte sich ein Gefühl von Wachstum, Weite und Veränderung ein.

Wenn Sie gerade an den Folgen eines traumatischen Ereignisses leiden, mögen diese Worte hohl klingen. Die Vorstellung, dass sich aus der Misere etwas Gutes entwickeln soll, mag Sie sogar regelrecht empören, aber ich bitte Sie, für alle Möglichkeiten offen zu sein. Verlust und Unglück wünscht sich keiner, doch zumindest kann etwas Positives daraus erwachsen.

Wenn die Idee hinter PTG Sie anspricht, können Sie auch Ihr Vitalitätstagebuch benutzen, um sich näher damit zu beschäftigen. Die folgenden Fragen zeigen Ihnen vielleicht einen Silberstreifen am Horizont: Wenn Sie an Ihr leidvolles Erlebnis denken – welche Ihrer persönlichen Stärken waren dabei gefordert? Wie haben sich Ihre Beziehungen entwickelt oder Ihre Verbindungen verstärkt? Welche neuen Wege haben sich Ihnen eröffnet? Hat sich Ihre Wertschätzung für das Leben geändert?

MEINE ERFAHRUNG MIT PTG

▸ Am Tag nach Charlottes Geburt, eine Woche nach dem Atemstillstand meines Vaters und vielen Momenten des Abschieds, fragte ich mich, ob ich mich je wieder ganz fühlen würde. Zurückblickend interpretiere ich diesen

Zustand so, dass mein Herz aufgebrochen und geöffnet wurde – und zwar nicht nur für das Leiden, sondern auch, um Freude, Mitgefühl und Gelassenheit wahrzunehmen.

Aufgrund dieser Erfahrung wurde ich mir der Flüchtigkeit und Kostbarkeit des Lebens bewusst. Im Lauf der Jahre brachen Wellen der Trauer über mich herein (und tun es immer noch) und ich spüre, dass aus der starken Trauer nun eine tiefe Dankbarkeit für meinen Vater entstanden ist – eine Dankbarkeit für alles, was er in die Welt gebracht hat, und für alles, was ich aus diesen Erfahrungen lerne.

Nachdem nun der unmittelbare Trauerschmerz weitgehend abgeebbt ist, fühle ich wieder Fülle in mir. Der größte Nutzen dieser Zeit liegt für mich darin, dass ich mich aufgerufen fühle, meine Lebensziele mit Mut und Überzeugung zu verfolgen. Dieses Buch ist ein direktes Ergebnis meiner Erfahrung mit PTG. Sicherlich ist es möglich, dass ich auch ohne PTG zur selben Zeit zu denselben Entscheidungen gelangt wäre, doch die Verlusterfahrung hat mich dazu gebracht, ein erfüllteres, authentischeres Leben zu führen.

Alles ist vergänglich und Menschen sterben. Daraus entfalten sich die Blütenblätter unseres Herzens und wir können lernen, unseren Verlust zu umarmen, indem wir Dankbarkeit für das, was war, ausdrücken und das Leben in seiner ganzen wunderbaren Fülle annehmen.

Die Vorstellung einer Suche nach dem Silberstreifen am Horizont ist auch hilfreich, wenn es um die kleinen Stolpersteine auf unserem Weg geht. Denken Sie nicht gleich negativ über Ereignisse, die Ihnen nicht gelegen kommen. Meine Tochter Charlotte wollte ich eigentlich an einer bestimmten Schule anmelden, in deren Kindergarten sie schon gegangen war. Weil das aber nicht klappte und sie eine andere Schule besuchen musste, haben sich unsere Sozialkontakte buchstäblich verdoppelt.

Die folgenden Fragen helfen mir, den verborgenen Nutzen von Ereignissen zu verstehen: Was könnte sich Gutes daraus ergeben? Was kann ich lernen? Beim Nachdenken über diese Fragen gewinne ich eine bessere Einschätzung der Situation.

Ein weiteres sehr hilfreiches Mantra, um ins Gleichgewicht zu finden, lautet: Könnte es schlimmer sein? Man neigt schnell dazu, zu überlegen, was besser sein könnte. Wenn meine Kleinen krank sind, denke ich bewusst daran, wie viel schlimmer alles sein könnte – wir wissen ja, was ihnen fehlt, ihre Beschwerden sind relativ gering und verschwinden bald, dann kommt der Schlaf wieder. Oder wenn ich wegen des Chaos in unserem Haus genervt bin, sage ich mir: Wenigstens habe ich ein Dach über dem Kopf und lebe sicher und komfortabel. Dadurch verankere ich ein Gefühl von Dankbarkeit, das mir Auftrieb zum Weitermachen gibt.

ZEITMANAGEMENT

‣ „Ich habe wahnsinnig viel zu tun" scheint der Slogan unserer Zeit zu sein. Probieren Sie einmal diese einfachen Strategien für ein besseres Zeitmanagement.

1. Benutzen Sie die 4 Ds.

- Direkt erledigen – es ist wichtig und es muss von Ihnen gemacht werden.
- Disponieren – Sie müssen es tun, aber es kann warten. Planen Sie es für einen anderen Zeitpunkt.
- Delegieren – es ist wichtig, aber jemand anders kann es auch übernehmen. Erlauben Sie sich selbst, Dinge abzugeben.
- Disqualifizieren – eigentlich muss es gar nicht gemacht werden.

2. Arbeiten Sie mit einer To-do-Liste.

Indem man etwas aufschreibt, kann man schnell herausfinden, was wichtig und was unnötig ist. Das befreit den Geist, sodass man Dinge angehen kann.

3. Vermeiden Sie Ablenkungen.

Konzentrieren Sie sich auf das, was vor Ihnen liegt. Wenn Ihnen etwas Wichtiges einfällt, schreiben Sie es auf.

4. Haushalten Sie mit Ihrer Energie.

Wenn viele halbfertige Dinge vor Ihnen liegen, saugt das Energie für Wichtiges ab. Ich stelle es mir wie Löcher in einem Wasserschlauch vor, die den Wasserstrahl abschwächen, sodass er nicht frei dorthin fließen kann, wo er nötig ist. Daher sollte man die „Lecks" von unerledigten Dingen reparieren, damit man sich den wichtigen zuwenden kann. Überlegen Sie, was für Sie noch unvollständig ist und was zu Ende gebracht werden muss, dann streichen Sie diesen Punkt genüsslich von der Liste. Wenn ich mich festgefahren habe oder merke, dass ich mich mit Vermeidungsstrategien ablenke, dann arbeite ich den Listenpunkt ab, der mir am ehesten zusagt. Dadurch kann meine Energie wieder frei fließen und ich wende mich dann der dringlichsten Aufgabe zu. Erkennen Sie, wann es Zeit für eine Pause ist, auch wenn Sie versucht sind, weiterzuackern. Denken Sie daran, dass kurzes Auftanken Ihre Produktivität und Effektivität steigert.

5. Planen Sie Zeit für sich.

Falls nötig, verabreden Sie sich mit sich selbst. Und in dieser Zeit erledigen Sie nur das, was Sie sich vorgenommen haben – nichts anderes.

6. Schließen Sie Frieden mit Unvollkommenheit.

Erkennen und tun Sie, was Ihren Fähigkeiten am besten entspricht, und entscheiden Sie, was Sie liegen lassen können. Und Sie müssen nicht alles nach bestem Wissen und Gewissen erledigen. Stellen Sie sich die Frage: Ist es wichtiger, diese eine Sache perfekt zu machen, oder besser, viele verschiedene Aufgaben mit etwas weniger Aufwand zu betreiben?

7. Muten Sie sich nicht zu viel zu.

Ihrer verfügbaren Zeit sind Grenzen gesetzt, deshalb planen Sie Ihre Aufgaben gut, um Stress und Überforderung zu vermeiden.

8. Setzen Sie Prioritäten.

Überlegen Sie, ob es Ihnen schwerfällt, alles in der Woche unterzubringen, besonders, wenn Sie am Ende zu kurz kommen. Sagen Sie sich dann: „Ich habe alle Zeit der Welt." Spüren Sie den Raum, den dieses Mantra schafft, und entspannen Sie sich darin. Vielleicht hilft Ihnen das herauszufinden, was genau in diesem Moment getan werden muss.

Kleine Juwelen

Diese Bewältigungsstrategien sollen Ihnen helfen, Aufgaben zu straffen oder zu überdenken. Dadurch können Sie sich bei Stress anders verhalten, zuversichtlich denken und Ihre Empfindungen im Prozess wahrnehmen.

Legen Sie einen Ring um die Aufgabe oder Zeitdauer, die für Sie in diesem Moment realisierbar ist.

Denken Sie nicht zu viel – essen Sie lieber etwas Nahrhaftes, lenken Sie sich ab, schreiben Sie sich Dinge auf, sprechen Sie sie laut aus und betrachteten Sie sie von oben.

Erkennen Sie Ihre Grenzen. Wenn Sie etwas nicht beeinflussen können, wenn Ihre Gedanken oder Handlungen nichts ausrichten können, dann halten Sie inne! Richten Sie Ihre Energie und Mühe auf Dinge, die Sie steuern können.

Achtsamkeit – seien Sie in diesem Moment präsent und lassen Sie ihn so zu, wie er ist. Versuchen Sie es mit drei Grundregeln: Tiefe Atemzüge in aller Ruhe. Nehmen Sie wahr, was um Sie herum und in Ihrem Inneren vorgeht. Wählen Sie eine Reaktion.

- Gestatten Sie sich, so zu fühlen, wie Ihnen gerade zumute ist. Geben Sie Ihren Gefühlen, auch den unangenehmen, einen Raum. Lernen Sie, Ihre Gefühle zu benennen und auszudrücken. So erfahren Sie Leichtigkeit.

- Zeitdruck vermeiden – direkt erledigen, disponieren, delegieren, disqualifizieren. Schreiben Sie sich Aufgaben auf, planen Sie Zeit und Fokus. Nichts muss perfekt gemacht werden. Erlauben Sie sich, Nein zu sagen. Wiederholen Sie: „Ich habe alle Zeit der Welt."

- Mitgefühl – lassen Sie Wärme und ein Gefühl der Verbundenheit zu. Festigen Sie diese Fähigkeit, indem Sie mit sich selbst wie mit Ihrer besten Freundin oder Ihrem besten Freund reden. Schaffen Sie innere Ruhe mit dem Mantra: „Ich bin sicher, ich werde geliebt, ich werde getragen."

- Posttraumatisches Wachstum – Krisen führen oft zu persönlichem Wachstum und Veränderung. Diese Fragen können Ihnen helfen, Heilung in Ihrem Leid zu finden: Auf welche Stärken haben Sie sich gestützt? Wie haben sich Ihre Beziehungen entwickelt? Welche neuen Türen haben sich geöffnet? Hat sich Ihre Wertschätzung für das Leben geändert? Wie sind Sie gewachsen?

YOGA ZUR BEWÄLTIGUNG VON STRESS, VERÄNDERUNG & TRAUER

Gebetsgruß

Im Fersensitz die Hände vor dem Brustbein in Gebetshaltung nehmen. Beim Einatmen auf die Knie kommen und die Arme über den Kopf nach oben strecken. Der Blick folgt.

Beim Ausatmen Hände und Stirn langsam auf den Boden bringen und das Gesäß zu den Fersen in die Kindhaltung senken.

Beim Einatmen in den Vierfüßlerstand kommen und in der Katzenhaltung die Wirbelsäule runden, Kinn in Richtung Brust und Steißbein in Richtung Boden ziehen.

Beim Ausatmen in den herabschauenden Hund kommen, der Rücken ist gerade, der Kopf hängt locker herab, die Fersen ziehen Richtung Boden.

Beim Einatmen die Knie zurück auf den Boden bringen und die Wirbelsäule in der Katzenhaltung runden.

Beim Ausatmen das Gesäß zu den Fersen bringen und die Stirn in der Kindhaltung auf dem Boden ablegen.

Beim Einatmen wieder auf die Knie kommen und die Arme über den Kopf nach oben strecken. Dabei die Schultern entspannen und nach unten sinken lassen.

Beim Ausatmen zurück in den Fersensitz kommen und die Hände vor der Brust in Gebetshaltung nehmen.

Diese Abfolge 3–6-mal wiederholen und der beruhigenden Wirkung nachspüren.

vier

KÖRPER & UMGEBUNG

▸ Wenn mir nach Heilung zumute ist, brauche ich Mutter Natur. Sie spült meine Zellen und Fasern durch und gibt mir Zuversicht. In der Natur zu sein stärkt mich so sehr, dass ich mit meinen Klienten nach Möglichkeit lieber eine Sitzung draußen im Gehen abhalte als in meinem Raum. Die Natur fördert unsere Fähigkeit, Probleme zu lösen und kreativ zu sein, sie erlaubt uns, durchzuatmen und gelassener zu sein. Versuchen Sie es allein, mit einer Freundin bzw. einem Freund oder dem Hund – machen Sie einen Spaziergang in der Schönheit der Natur und erleben Sie, wie erhebend das sein kann. Nehmen Sie die Schönheit um sich herum wahr und verschanzen Sie sich nicht hinter Ihrem Mobiltelefon, Ihrer Aufgabenliste oder irgendwelchen Sorgen.

DIE HEILKRAFT DER NATUR

In Charlottes ersten Lebensmonaten hatte ich den Eindruck, dass sie nur dann schlief, wenn wir unterwegs waren. Babytrage, Kinderwagen und Auto waren voll im Einsatz. Der Vorteil dieser Ausflüge war, dass sie mich aus meinen vier Wänden hinaus in die Schönheit der Natur brachten. Damals lebte ich in den wunderschönen Northern Beaches von Sydney. Ich konnte zwar nicht wie gewohnt allein am Strand joggen oder meditativ im Meer schwimmen, dafür aber den Kinderwagen schieben und mich von der Meeresbrise durchwehen lassen. Die mächtigen Klippen schenkten mir ein Gefühl von Ruhe und Gelassenheit und der Rhythmus der stetig wiederkehrenden Gezeiten beruhigte meinen Geist – das Leben ging weiter und ich auch.

In Teds ersten Lebensmonaten war es kaum anders, obwohl wir inzwischen in einer völlig anderen Umgebung lebten. Ich genoss es, in Großbritannien neue Gegenden zu erkunden – sanfte Hügel, Wiesen mit Wildblumen, offene Felder, Wälder und eine Burgruine. Die unterschiedliche energetische Wirkung und Heilkraft der Natur im Lauf der Jahreszeiten ist faszinierend.

Diese Form von Selbstfürsorge nenne ich Naturtherapie und ich liebe sie, weil sie kostenlos und jederzeit zugänglich ist. Außerdem brauchen Sie nichts weiter zu tun, als Ihre Umgebung wahrzunehmen. Zugegebenermaßen sind manche Gegenden ansprechender als andere, doch wo immer Sie auch sind, um Sie herum wird sich stets die Schönheit der Natur zeigen. Nehmen Sie sich Zeit zum Genießen. Vielleicht beobachten Sie die Wolken am Himmel, den Wind in den Bäumen oder aber Sie holen sich die Natur in Form von Schnittblumen ins Haus.

Der therapeutische Effekt von Natur auf die Gesundheit ist in Untersuchungen gut dokumentiert[32]. Winterdepression oder saisonal-affektive Störung (SAD) ist eine von der Jahreszeit abhängige emotionale Störung, die durch den Mangel an natürlichem Licht bedingt ist. Gartentherapie nutzt die therapeutische Wirkung der Arbeit mit Erde, Pflanzen und Natur, um das Wohlbefinden zu steigern. Sie wird auch bei der Behandlung von Angstzuständen, Depressionen und Wutausbrüchen sowie bei der Traumabewältigung von Soldaten eingesetzt. Man sorgt bestens für sich selbst, wenn man sich im Freien bewegt. In Gemeinschaft schafft das ein Gefühl der Verbundenheit. Inmitten unseres rasanten Lebens schenkt uns die Natur Einfachheit, Ruhe und Sinnhaftigkeit[33].

So nutzt man die Heilkräfte der Natur

- **Machen Sie es sich zur Regel,** häufig in der Natur zu sein, sie mit allen Sinnen wahrzunehmen und mit Freude zu genießen.

- **Gehen Sie in den Garten oder auf den Balkon!** Um die tiefe Befriedigung der Gartenarbeit zu erleben, brauchen Sie keine gärtnerische Erfahrung. Beobachten Sie einfach, wie sich die Pflanzen nach dem Gießen aufrichten und leuchten. Ziehen Sie Wildkräuter und binden Sie die Blätter hoch, legen Sie sich auf den Boden und beobachten Sie die kleinen Bewohner und Besucher Ihrer Blüten. Pflanzen Sie Ihre Lieblingsblumen, pflegen Sie sie liebevoll und sehen Sie, wie sie gedeihen. Wenn Sie keinen Garten oder Balkon haben, schauen Sie auf einem Spaziergang, was in Ihrer Nachbarschaft wächst, und holen Sie sich die Natur ins Haus.

- **Genießen Sie täglich die Sonne,** setzen Sie sich in die wärmenden Strahlen und spüren Sie, wie Ihr Körper sie aufsaugt. Stellen Sie sich bildlich vor, wie die Sonne Ihnen Kraft spendet. Zünden Sie als symbolische Geste eine Kerze an, betrachten Sie sie eine Weile und meditieren Sie, was Licht für Sie bedeutet.

- **Genießen Sie den Sonnenauf- oder -untergang –** teilen Sie dieses Erlebnis mit geliebten Menschen.

- **Betrachten Sie Ihre Umgebung,** wo immer Sie sind. Schauen Sie im Bus, bei der Arbeit, beim Zubereiten des Abendessens aus dem Fenster und beobachten Sie Vögel im Flug, blühende Blumen, sich verfärbende Blätter oder Eichhörnchen auf Futtersuche. Genießen Sie es, Ihr Haustier zu streicheln. Nehmen Sie all diese Eindrücke in sich auf und erfreuen Sie sich an einer kurzen Pause. Füllen Sie Ihre „Tasse“ mit frischer Energie auf.

- **Beleben Sie Ihre Umgebung** mit Dingen aus der Natur – Muschelschalen, Hölzern, Tannenzapfen, Kristallen, Steinen, Blumen, Pflanzen, Bildern – und integrieren Sie sie in Ihre Einrichtung. Probieren Sie aus, ob Sie sich damit wohlfühlen.

MIT DER INNENEINRICHTUNG ARBEITEN

▸ Ihre Umgebung zu Hause, auf der Arbeit und dort, wo Sie sich sonst noch aufhalten, wirkt sich spürbar auf Ihr Wohlbefinden aus. Jeder reagiert anders – manche fühlen sich bei Unordnung wohl, andere brauchen ein ordentliches Zuhause für einen „aufgeräumten" Geist. Und jeder hat seine eigene Chaos-Grenze. Nehmen Sie sich einmal die Zeit und schauen Sie sich aufmerksam Ihre Umgebung an. Wie beeinflusst und fördert sie Ihre geistige Klarheit und Lebensfreude? Selbst wenn Sie der Meinung sind, dass eine chaotische Umgebung Ihnen nichts ausmacht, beobachten Sie doch einmal, wie viel Energie das Aufräumen freisetzen kann.

Betrachten Sie den Raum um sich herum ganz genau und suchen Sie nach Dingen, die Sie inspirieren und Ihnen Kraft schenken. Geben Sie sich der Freude an ihnen hin. Danach schauen Sie, welche Dinge in Ihrer Umgebung Energie rauben, und versuchen, daran etwas zu ändern. Können Sie mehr Harmonie, Ordnung oder Energie für sich schaffen?

STÄRKUNG DURCH DIE EINRICHTUNG ZU HAUSE & AUF DER ARBEIT

- Die Ordnungsberaterin Marie Kondo meint: „Ordnung im eigenen Zuhause ist die Zauberformel für ein erfülltes und glückliches Leben."[34] In ihrem Ansatz, nur Dinge aufzubewahren, die Freude machen, steckt viel Weisheit. Überlegen Sie, an welchen Stellen Sie besonders viel Zeit verbringen. Wie können Sie diese Orte verschönern? Eine einfache Möglichkeit ist, dort ein wertvolles Erinnerungsstück oder ein schönes Bild anzubringen, an dem Sie sich beim Betrachten erfreuen.

Sie können Ihren Arbeitsplatz mit ein paar einfachen Handgriffen verändern, sodass er Harmonie verströmt. Wenn Sie am Schreibtisch arbeiten, setzen Sie sich auf einen bequemen Stuhl und stellen Sie den Computer so auf, dass Nacken und Schultern entspannt sind. Stellen Sie ein Bild auf Ihren Schreibtisch oder installieren Sie es als Bildschirmschoner, trinken Sie aus einem Glas, das Ihnen gut gefällt, und arbeiten Sie mit schönen Büromaterialien. Selbst ein gespitzter Bleistift kann mich inspirieren.

Falls Sie viel Platz haben, können Sie eine Entspannungsecke einrichten. Nur selten steht ein eigener Raum dafür zur Verfügung, aber vielleicht gibt es ja einen Stuhl, der Ihnen als Wohlfühlzone dienen kann. Gibt es eine schöne Aussicht in einem Zimmer? Dort könnte eine ideale Ecke zum Entspannen sein, wenn Sie ein paar Minuten meditieren oder atmen wollen, um Ihre Batterien wieder aufzuladen und Spannungen abzubauen.

Mit einem Ritual können Sie auch an jeder beliebigen Stelle in Ihrem Zuhause eine provisorische Wohlfühlzone einrichten. Für mich ist der bequemste Platz zum Schreiben unser Esstisch. Ich bereite ihn vor, indem ich zuerst den Tisch abwische und dann eine Duftkerze anstecke. Durch diese einfache Geste reinige ich den Tisch für mein Vorhaben, der sonst für das gemeinsame Essen oder Hausaufgaben benutzt wird.

Lieben Sie Ihr Zuhause und es gibt Ihnen Liebe zurück. Reinigen und pflegen Sie es liebevoll. Befreien Sie es von Krempel. Putzen Sie die Fenster, bis sie spiegeln und das

Licht zu Ihnen hereinströmen kann. Wenn ich es zu schätzen weiß, dass das Saubermachen zu Ausgeglichenheit und Leichtigkeit verhilft, dann wird es zur Selbstfürsorge. Besonders, wenn ich es als Optimierung meines Fitness-Programms betrachte. Ich spreche sogar mit meinem Zuhause. Ich bedanke mich für die Sicherheit, die es mir bietet, und im Gegenzug stärkt es mich. Ich bin meinem Bett für die warme Umarmung dankbar, die es mir jede Nacht schenkt. Diese Verbindung zu meinem Besitz mag seltsam klingen, aber für mich schafft sie ein Zugehörigkeitsgefühl, das mir Kraft gibt und in mir ein Gefühl von Dankbarkeit hervorruft. Das macht die schweren Tage leichter.

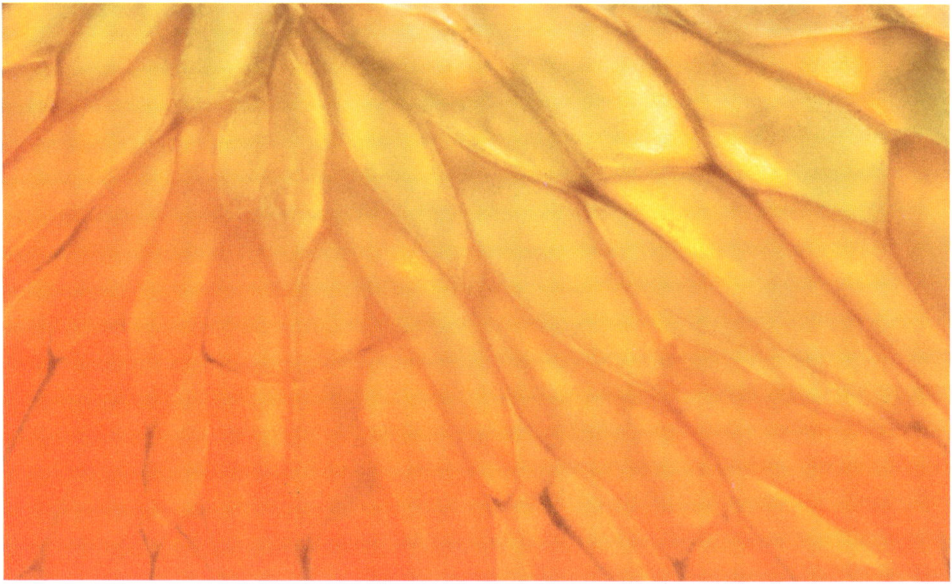

PFLEGEN SIE DIE HAUT, IN DER SIE STECKEN

- Den Begriff „Eitelkeit“ können Sie jetzt sofort vergessen und durch „Gesundheitspflege“ ersetzen. Erlauben Sie sich selbst diese Stärkung als Ausdruck Ihres Selbstwerts. Beobachten Sie, wie die Pflege Ihres Körpers das Selbstwertgefühl und Wohlbefinden steigert. Nichts ist daran egoistisch, Sie gehen achtsam mit Ihrem Körper um und würdigen die positiven Effekte von kleinen Freuden wie etwa Massagen, Pediküre oder einem Friseurbesuch. Ich selbst setze diese Art von Self-care so um, dass ich Rituale entwickle, die ich in meinem Alltag anwenden kann. Das hat den Vorteil, dass ich keine Termine machen oder Geld ausgeben muss.

RITUALE ZUR PFLEGE VON KÖRPER & GEIST

- **Beim Aufwachen** denken Sie an etwas, was an diesem Tag auf Sie wartet und worauf Sie sich freuen. Stellen Sie sich das einige Atemzüge lang vor. Wenn Ihre Füße den Boden berühren, bedanken Sie sich für den kommenden Tag, egal, was er bringt.
- **Bei der Vorbereitung auf den Tag** stellen Sie sich ein Outfit zusammen, in dem Sie sich wohlfühlen. Sie ziehen sich ja sowieso an, warum dann nicht so, dass Sie gute Laune bekommen? Sortieren Sie Kleidungsstücke aus, die den gegenteiligen Effekt haben.
- **Nehmen Sie eine Körperlotion** mit einem wohltuenden Geruch und massieren Sie sie bewusst in die Haut ein. Spüren Sie, wie sich Ihr Körper anfühlt, wenn Sie ihm für das, was er täglich leistet, danken?
- **Ein Spritzer von Ihrem Parfüm** oder von einem Raumspray verbessert Ihre Körperhaltung und inspiriert Sie, ein paar tiefe Atemzüge zu nehmen, wann immer Sie es brauchen.
- **Wählen Sie eine duftende Seifencreme,** mit der Sie sich gern die Hände waschen. Wenn Sie dann eine kleine Stärkung brauchen, gehen Sie ins Bad und nehmen Sie sich die Zeit, den Duft zu genießen.
- **Wenn Sie nach Hause kommen,** ziehen Sie Ihre Schuhe aus und lassen Sie den Tag hinter sich. Ich ziehe mir gern etwas Bequemes an – kein aussortiertes Kleidungsstück aus meiner normalen Garderobe, sondern etwas, das ich mir bewusst zum Entspannen ausgesucht und angeschafft habe.

Kleine Juwelen ‣

‣ Ihre Einrichtung zu Hause und im Büro sowie die Umgebung unterwegs beeinflussen Ihr Wohlbefinden. Überlegen Sie sich Möglichkeiten, um durch bestimmte Akzente mehr Frieden, Ordnung und Harmonie in Ihre Umgebung zu bringen. Wenn Sie Ihre Augen darauf ruhen lassen, spendet das Kraft.

‣ Verbringen Sie Zeit in der Natur und spüren Sie ihre aufbauende Wirkung. Gehen Sie etwa spazieren, betrachten Sie die vorbeiziehenden Wolken am Himmel oder arbeiten Sie mit Erde im Garten.

‣ Die Natur hat eine starke therapeutische Wirkung, egal, ob man nach draußen geht oder sie zu sich ins Haus holt.

‣ Lieben Sie Ihr Zuhause und es wird Ihnen Liebe zurückgeben. Je mehr Sie Ihre Umgebung pflegen, desto besser fühlen Sie sich. Befreien Sie sich von Schmutz und Unordnung, um Energie freizusetzen.

‣ Pflegen Sie Ihre Haut und halten Sie dadurch Stress, Schmerzen und Verspannungen von ihr fern. Um dies möglichst einfach zu gestalten, wählen Sie Dinge, die Sie täglich durchführen können, um sich zu pflegen. Selbst ein Bad, die Garderobe für den Tag oder Wohlfühlkleidung zu Hause können ein effektives Ritual für Selbstfürsorge sein.

‣ Schaffen Sie einen Raum zum Wohlfühlen durch Düfte und Dekoration.

Notizen ▸

YOGA ZUM KRAFTSCHÖPFEN AUS DER NATUR

Diese Übungen können Sie auf einem Spaziergang mit Sportschuhen machen oder in Innenräumen, um die Kraft der Natur in sich aufzunehmen.

Baum

Die Füße hüftbreit aufstellen, die Zehen nach vorn. Den rechten großen Zeh entweder an die Innenseite des linken Fußknöchels, der linken Wade oder des linken Oberschenkels anlegen. Das linke Bein strecken, das Steißbein leicht Richtung Boden ziehen und das rechte Knie angewinkelt so weit wie möglich nach außen bringen. Hüfte und Brust zeigen nach vorn. Die Arme über dem Kopf in einem V ausstrecken. Sanft atmen, den Scheitelpunkt in Richtung Himmel heben und den linken Fuß fest im Boden verwurzeln (Humor ist hier extrem wichtig!). 5–15 Atemzüge lang halten und die Übung auf der anderen Seite durchführen.

Wirbelsäule aufrollen

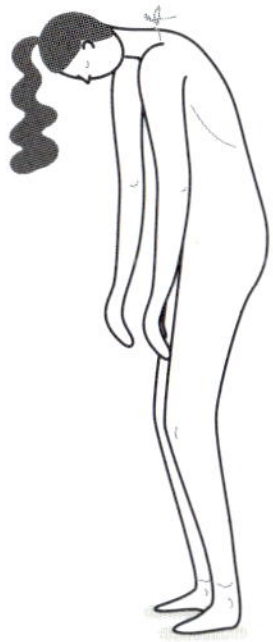

Die Füße hüftbreit aufstellen, dabei die Knie leicht beugen und die Hände auf die Oberschenkel legen. Den Kopf schwer werden lassen und das Kinn in Richtung Brust ziehen. Die Arme hängen wie bei einer Marionette schlaff herab. Mit gebeugten Knien in die Vorbeuge gehen und die Hände auf den Boden bringen. Die Wirbelsäule auseinanderziehen, dabei Steißbein und Scheitelpunkt in Richtung Boden ziehen. 5–10 Atemzüge lang in der Vorbeuge verweilen, dann langsam, Wirbel für Wirbel, über die Hüfte bis zu den Schultern aufrollen, Hals und Kopf aufrichten. Einige Mal wiederholen, dabei mit jedem Aufrichten größer werden.

Bergatmung

Die Füße hüftbreit auseinanderstellen, die gestreckten Arme an die Seiten nehmen, Blick nach vorn. Beim Einatmen die Arme ausgestreckt über den Kopf führen, der Blick folgt den Händen. Beim Ausatmen die Arme wieder nach unten bringen, den Blick nach vorn. Nehmen Sie die Fülle Ihres Atems wahr und genießen Sie, wie Sie mit jedem Atemzug größer werden.

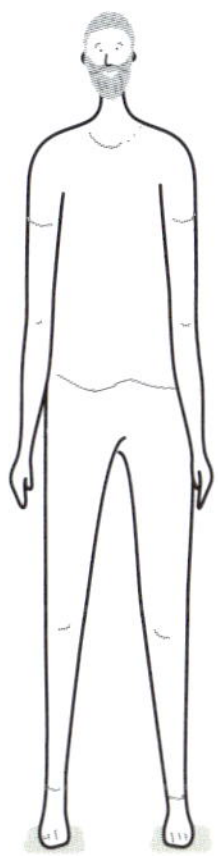

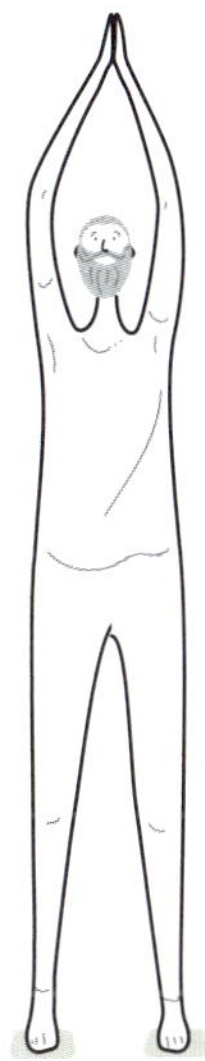

fünf

BEZIEHUNGEN

Als ich während meiner Schwangerschaft einmal um die halbe Welt zog, in eine Stadt, in der ich niemanden kannte, war mir klar, dass ich so schnell wie möglich ein Netzwerk aufbauen musste. In diesem Kapitel geht es um Verbindungen im Allgemeinen und nicht um partnerschaftliche Beziehungen. Weil ich an einem neuen Ort einen Neuanfang gemacht habe, konnte ich erfahren, wie wichtig zufällige Begegnungen für das eigene Befinden sind. Die fröhlichen Plaudereien mit der netten Kellnerin, die mir meinen Morgenkaffee brachte, die Angestellten im Lebensmittelladen und die Begegnungen mit anderen Eltern auf dem Spielplatz hielten mich bei Laune, während ich gleichzeitig damit beschäftigt war, Leute kennenzulernen und Freundschaften zu knüpfen. Es hätte eine schrecklich einsame Zeit sein können, in der ich gemeinsamen Momenten mit alten Freunden nachtrauerte. Doch ich konnte stets ein Gefühl von Verbundenheit und Zugehörigkeit wahrnehmen und Erfahrungen mit Menschen teilen, denen ich erst kurz zuvor begegnet war.

Suchen Sie Gelegenheiten, neue Leute kennenzulernen, ohne Furcht, dass man Sie verletzen könnte. Am meisten verblüffte mich die mir entgegengebrachte Freundlichkeit und Wärme, wenn ich erklärte, dass ich neu in der Stadt war. Selbst jetzt, wo ich viele gefestigte Freundschaften habe, genieße ich immer noch das Gefühl der Zugehörigkeit, das durch den Austausch mit Zufallsbegegnungen entsteht. Suchen Sie also nach Möglichkeiten, sich mit anderen zu verbinden.

SOZIALE BEZIEHUNGEN & WOHLBEFINDEN

▸ Vorhandene oder nicht vorhandene soziale Beziehungen haben ohne Zweifel große Auswirkungen auf unser Wohlbefinden. Der biologische Trieb nach Gemeinschaft ist ein Grundbedürfnis des Menschen. Beziehungen unterstützen uns in Krisen und vergrößern unsere Freude in guten Zeiten. Durch die Verbindung mit anderen Menschen erfahren wir Liebe, Trost und Akzeptanz und damit einen tieferen Sinn in unserem Leben. Verbindungen setzen eine Aufwärtsspirale von positiven Gefühlen in Gang. Je mehr Zeit, Energie und Anstrengung wir in positive Verbindungen investieren, desto mehr positive Gefühle nehmen wir wahr. Das Fördern sozialer Beziehungen ist eine der mächtigsten Self-care-Strategien, um das eigene Wohlbefinden zu steigern.

BEZIEHUNGEN IN STRESSPHASEN

- In Krisenzeiten kann es schwierig sein, Beziehungen aufrechtzuerhalten. Mitunter ist es sehr anstrengend, Zeit im Kreise anderer oder mit bestimmten Personen zu verbringen. Erlauben Sie sich selbst, an dem Punkt so zu handeln, wie Sie es brauchen. Vielleicht sehen Sie einige Menschen häufiger und andere seltener. Vielleicht möchten Sie zu unterschiedlichen Gelegenheiten unterschiedliche Menschen treffen. Wenn Sie, wie ich, dazu neigen, sich bei Niedergeschlagenheit zu isolieren, rufen Sie sich den Wert von Verbindungen ins Gedächtnis und suchen Sie die Gesellschaft der Menschen, die Ihnen guttun. Wird Ihnen Hilfe angeboten, so erlauben Sie sich selbst zu erklären, wie die Hilfe aussehen sollte.

VERBINDUNGEN KNÜPFEN & BEZIEHUNGEN STÄRKEN

SICH AUF ANDERE EINSTELLEN

- Diese Fähigkeit ist erforderlich, um das Beste aus Zufallsbekanntschaften zu machen. Machen Sie sich bewusst, mit welchen Menschen Sie im Laufe des Tages in Kontakt kommen, und seien Sie bei dieser Gelegenheit präsent, um sich mit ihnen zu verbinden. Gehen Sie in Blickkontakt, hören Sie zu, zeigen Sie Interesse an den Belangen anderer und stellen Sie Fragen. Allein dadurch, dass Sie Ihr Bewusstsein auf die Aufmerksamkeit anderen gegenüber lenken, schaffen Sie ein Gefühl der Nähe[35].

DAS GUTE SCHAFFEN

- Das bedeutet, wahre Freude zu zeigen, wenn man vom Glück anderer Menschen erfährt. Unsere Reaktion auf gute Nachrichten anderer kann die jeweilige Verbindung stärken oder schwächen[36]. Durch aktives und konstruktives Reagieren kann man echtes Interesse zeigen. Fragen Sie, was geschehen ist, ermutigen Sie den oder die andere, das Ereignis mit Ihnen zu teilen, und spiegeln Sie die geäußerte Freude, wenn Sie es wirklich so fühlen.

Die gegenteilige Reaktion ist „passiv-destruktiv" bzw. „aktiv-destruktiv", indem die gute Nachricht entweder ignoriert oder eine kritische, abweisende Antwort gegeben wird. Wenn Ihnen eine aktive, konstruktive Reaktion eher schwerfällt, dann denken Sie daran, dass sich diese Fähigkeit trainieren lässt. Und wenn Sie an ihr arbeiten – wie reagiert man da auf Sie? Sie werden feststellen, dass andere Sie eher zu schätzen wissen und Ihre Gesellschaft suchen. Und das stärkt wiederum Energie, Selbstachtung und Zuversicht bei Ihnen.

EMPATHIE ZEIGEN

- Um Empathie zu entwickeln, kann man damit beginnen, die Anzahl der positiven und der negativen Äußerungen abzuwägen. Für die Qualität von Beziehungen ist es erforderlich, Dankbarkeit und Zuneigung mit Kritik in Einklang zu bringen. Achten wir auf unsere Gespräche, so stellen wir fest, dass sich positive und negative Äußerungen abwechseln. Untersuchungen haben gezeigt, dass mindestens drei positive Aussagen auf eine kritische kommen müssen, um eine Beziehung aufrechtzuerhalten. Und wenn die Beziehung vertieft werden soll, dann braucht es ein Verhältnis von etwa 5:1[37]. Aber es gibt auch einen Umkehrpunkt: Wird das Verhältnis 13:1 überschritten, so verlieren Sie Ihre Glaubwürdigkeit. Lob oder positive Äußerungen müssen echt sein, damit die Beziehung hält. Beobachten Sie sich selbst dabei, was Sie sagen, und üben Sie, das Verhältnis in den richtigen Einklang zu bringen. Ich versuche auch, negative Gedanken zu zählen; selbst wenn sie nicht ausgesprochen werden, drücken sie sich doch auf andere Weise aus. Versuchen Sie, freundlich zu sein und Ihren Fokus auf die Stärken Ihrer Lieben zu legen, anstatt auf deren Schwächen.

Nutzen Sie Gelegenheiten, bei denen Sie Empathie zeigen können und das Entgegenkommen anderer anerkennen. Aufkommende Unstimmigkeiten können durch freundliche Worte, Taten und Gesten geglättet werden. Die Art zu kommunizieren hat großen Einfluss darauf, wie Informationen aufgenommen werden. Das liegt nicht nur am Ton, sondern auch an den Worten selbst. Versuchen Sie, Ich-Aussagen zu benutzen, die Ihre Haltung und Ihre Gefühle zeigen, anstatt mit Du-Aussagen den anderen zu beschuldigen. Es ist auch hilfreich, sich auf ganz bestimmte Situationen oder Verhaltensweisen zu beziehen, anstatt mit Formulierungen wie „nie" oder „immer" zu pauschalisieren. Als Zuhörer können wir Empathie und Wohlwollen vermitteln, indem wir Blickkontakt aufnehmen und zuhören, ohne zu unterbrechen. Auch Fragen demonstrieren Empathie, zum Beispiel, indem Sie das Gesagte wiederholen und fragen, ob Sie es richtig verstanden haben. Der Zuhörer kann auch fragen, ob es noch etwas zu sagen oder zu tun gibt. Kommunikation ist nicht nur das Lösen von Problemen – manchmal braucht es einfach nur ein offenes Ohr.

Bei Konflikten verwende ich dieses Mantra: „Sei nicht DIE klügere Person, sondern EINE klügere Person." Das hilft, mein Ego in seine Schranken zu weisen, es dämpft den Drang zu widersprechen und erinnert mich an die Person, die ich sein möchte. Bis zehn zu zählen, bevor man zu sprechen beginnt, hilft einem, daran zu denken, dass es besser ist, eine Lösung zu finden, als recht zu haben.

BEZIEHUNGEN AN ERSTER STELLE

- Selbst wenn Ihr Leben sehr voll ist, nehmen Sie sich dennoch Zeit für andere. Möglichweise ändert sich für diesen Zeitraum die Art, wie Sie Kontakte pflegen, doch pflegen Sie sie. Nehmen Sie sich regelmäßig Zeit zum Reden und Zuhören. Mit Freunden und Familie verbinden wir uns durch alltägliche Dinge, gemeinsame Rituale, Träume oder Ziele. Diese Dinge schweißen uns zusammen und schaffen ein Gefühl von Zugehörigkeit.

Meiner Mutter schicke ich jeden Tag ein Foto mit einer kurzen Nachricht nach Australien, um sie auf dem Laufenden zu halten – es dauert nicht lange, aber dadurch fühle ich mich mit ihr verbunden. Was ich auch gern mache, ist ein „Dankbarkeitsessen" mit meiner Familie oder mit Freunden. Wir kommen in der Intention zusammen, Liebe und Wertschätzung miteinander zu teilen oder einen Erfolg zu feiern. Dabei vermeiden wir bewusst, über Probleme und Stress zu sprechen. Alle sollten in derselben Stimmung sein und sich zu dieser Intention verpflichten. Ansonsten funktioniert es nicht.

JEDER BRAUCHT EIN TEAM

Mir gefällt der Gedanke, dass ich ein ganzes Team an meiner Seite habe. Wer steht Ihnen zur Seite? Es lohnt sich, darüber nachzudenken und es aufzuschreiben. Wer begleitet Sie auf Ihrem Weg, welche Personen oder Therapeuten geben Ihnen bei einer Krise Halt? Um Ihnen eine bessere Vorstellung zu geben, möchte ich erklären, wer zu meinem Team gehört: Wander- und Yogafreunde, „mein" offenes Ohr, achtsame Freunde, mein Osteopath, meine Ausbilderin zur Coach-Therapeutin, meine Kosmetikerin und mein Friseur, Kaffee-Freunde, Spielplatz-Bekanntschaften, ein Brainstormer, manchmal ein Kritiker und mein Jubeltrupp – in den sozialen Medien und im echten Leben (haben beide ihren Wert). Das ist mein Team von Engeln: Menschen, die mich verwöhnen und bei Laune halten, die mich in der Spur halten, mich aufbauen, wenn ich abbaue, mich inspirieren, mich herausfordern und mit mir meine Erfolge feiern.

Wenn ich Unterstützung brauche, gehe ich einfach die Namen auf meiner Liste durch. So kann ich schneller agieren und leichter eine Entscheidung treffen, an wen ich mich am besten wende – meine Teammitglieder haben unterschiedliche Stärken, sodass ich die Person auswähle, die mir in diesem Moment am ehesten helfen kann. Auf der Liste kann ich auch nachsehen, wen ich schon lange nicht mehr kontaktiert habe, und mich dann wieder melden. Legen Sie sich Ihre Engel auf die Kurzwahl, teilen Sie die schönen Momente im Leben mit ihnen und verlassen Sie sich in schweren Zeiten auf sie. Genießen Sie es, auch in ihrem Team zu sein.

Nach meiner Erfahrung gehören diese Strategien zum gesunden Menschenverstand und sind selbstverständlich, wenn wir uns voller Energie und sicher im Fluss des Lebens bewegen. In schwierigen Situationen können sie jedoch im Chaos untergehen, wenn wir aus dem Gleichgewicht geraten, doch gerade dann brauchen wir die Unterstützung unserer engen Verbindungen am meisten. In einer solchen Phase können uns diese Techniken helfen, den Weg zurück in eine bessere Beziehung zu Familie und Freunden zu finden, und später die Heilung fördern.

Mir gefällt der Gedanke,
ein Team an meiner
Seite zu haben.
Wer ist es bei Ihnen?

Kleine Juwelen

- Die Verbindung mit anderen Menschen gibt uns Kraft, ob es enge Freunde oder Fremde sind. Man teilt gemeinsame Erfahrungen, menschliche Nähe und fühlt sich zugehörig, was der Seele guttut.

- Die Fähigkeit, sich zu verbinden und die positiven Seiten von Beziehungen zu stärken, sind wirksame Self-care-Techniken.

- Feiern Sie Erfolge und stärken Sie so Ihre Beziehungen. Wenn Freunde gute Neuigkeiten haben, dann freuen Sie sich gemeinsam mit ihnen, indem Sie aufmerksam zuhören und das Ereignis mit ihnen teilen.

- Bei einem Konflikt nehmen Sie mit diesem Mantra den Dampf raus: „Sei nicht DIE klügere Person, sondern EINE klügere Person." Ihre Beziehungen bieten die beste Grundlage für persönliches Wachstum und Entwicklung, wenn Ihr Ego nicht im Weg steht.

▸ Verbinden Sie sich mit anderen Menschen, indem Sie sich auf sie einstellen. Hören Sie zu, nehmen Sie Blickkontakt auf und zeigen Sie Interesse durch Fragen.

▸ Wer ist in Ihrem Team? Überlegen Sie einen Moment, welche Rolle von welcher Person in Ihrem Leben übernommen wird, und schreiben Sie es auf. Wenden Sie sich in Notsituationen an sie und bieten Sie auch Ihre Hilfe an.

▸ Zeigen Sie Empathie mit einem Verhältnis positiver zu negativer Äußerungen, das bei 5:1 liegt. Beziehen Sie sich auf die eigenen Gefühle und bestimmte Ereignisse, statt den anderen pauschal anzugreifen oder ihm etwas vorzuwerfen. Lernen Sie, wie man aufmerksam zuhört, achtsam ist, Fragen stellt und nach den Bedürfnissen des anderen fragt.

▸ Setzen Sie Ihre Beziehungen an erste Stelle, nehmen Sie sich Zeit und pflegen Sie Kontakte.

YOGA FÜR DIE KRAFT VON VERBINDUNGEN

Sonnengruß im Kreis

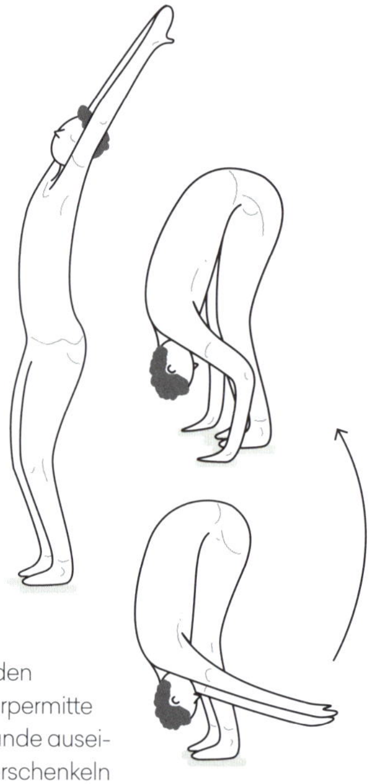

Die Füße hüftbreit aufstellen, Knie weich und Hände auf den Oberschenkeln. Beim Einatmen Arme nach vorne über den Kopf heben, Blick nach oben, sodass eine leichte Rückbeuge entsteht. Beim Ausatmen die Hände zusammenlegen und vor der Brust die Körpermitte entlang nach unten zum Boden bringen. Die Fingerspitzen aufsetzen. Beim Einatmen in den Knien nachgeben, beide Arme mit Schwung rechts neben dem Körper nach hinten kreisen lassen und wieder nach oben kommen. Ausatmend die Kreisbewegung nach vorne fortsetzen und zurück zum Boden kommen. Beim Einatmen diesmal die Arme mit Schwung nach links kreisen und nach oben kommen. Beim Ausatmen die Fingerspitzen zurück auf den Boden bringen. Beim Einatmen wieder in den Stand kommen und die Hände entlang der Körpermitte über den Kopf bringen. Beim Ausatmen die Hände auseinandernehmen und über die Seite zu den Oberschenkeln zurückführen. Dabei den Brustkorb weiten.

Dynamischer Krieger-Ausfallschritt

Ans hintere Ende der Matte stellen, die Füße hüftbreit auseinander. Mit dem rechten Fuß einen großen Schritt nach vorn machen. Das rechte Knie tief beugen und das hintere Bein strecken – die Ferse des hinteren Fußes ist angehoben. Im Ausfallschritt bleiben und die Hände in Gebetshaltung vors Herz nehmen. Beim Einatmen die Arme zu beiden Seiten ausstrecken. Beim Ausatmen die Hände zurück vors Herz.

Einatmen und die Arme über den Kopf heben, Blick nach oben. Beim Ausatmen die Hände zurück zum Herz bringen, den Blick nach vorn. 3–6-mal wiederholen, dann das Bein wechseln.

Dynamische Pferdeposition mit Lotus-Mudra

Die Füße etwas weiter als schulterbreit aufstellen. Die Zehen im 45-Grad-Winkel nach außen bringen. Für die Lotus-Blütenblätter Handgelenke, Daumen und kleinen Finger aneinanderlegen und die Finger weit aufspreizen. Für die Wurzel des Lotus die Fingerspitzen aneinanderlegen, die Finger in Richtung der Handflächen einrollen, bis die Handrücken aufeinanderliegen. Die Fingerspitzen zeigen in Richtung der Unterarme. Beim Einatmen die Beine strecken und die Hände im Lotusblüten-Mudra nach oben bringen, der Blick folgt den Händen. Beim Ausatmen die Lotuswurzel bilden, Knie tief beugen und in die Hocke kommen, Blick nach vorn. Diese Abfolge 6–10-mal wiederholen, dabei die Kraft der Beine spüren. Die Konzentration auf das Mudra hilft dabei, sich auf die Position einzulassen.

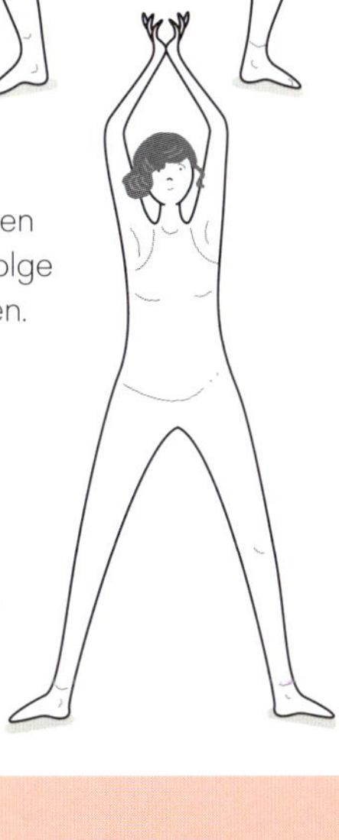

Mit Schulterrollen abschließen. Einatmend die Schultern zu den Ohren ziehen. Ausatmend die Schultern nach hinten und unten rollen. Dies 5-mal wiederholen, dabei Arme, Augen und Unterkiefer entspannen.

sechs

STIMMUNGSBOOSTER

Was wir im Fernsehen sehen, hat enorm großen Einfluss auf unsere Stimmung. Ich habe den Fehler gemacht, *Zeit der Sehnsucht zu sehen*, als mein Baby Charlotte schlief. Ich kann Ihnen versprechen, wenn Sie vorher nicht depressiv waren, sind Sie es danach. In diesem Feld des Vitalitätsrads geht es um einfache Möglichkeiten, die Laune zu heben. Mir gefällt besonders gut daran, dass es viele unkomplizierte Tools und Methoden enthält, die nicht besonders zeitaufwendig sind. Für manche benötigt man noch nicht einmal zusätzliche Zeit, denn man lernt, den Geist konstruktiver zu nutzen – dadurch denken, sehen und nehmen Sie bewusster wahr.

Wenn Sie sich das erste Mal mit diesem Feld des Vitalitätsrads befassen, hilft die Vorstellung des Energiekontos ins Gedächtnis zu rufen. Lassen Sie Ihren Tag Revue passieren und beobachten Sie, welche Dinge Ihnen gut getan haben und Energie geschenkt haben. Versuchen Sie, zukünftigt mehr davon in Ihren Tagesablauf einzubauen. Nehmen Sie auf der anderen Seite auch wahr, was Ihnen Energie raubt. Einiges davon lässt sich sicher nicht vermeiden, und an dem Punkt kommt Self-care ins Spiel. Vielleicht stellen Sie auch fest, dass sich manches

Schädliche minimieren oder komplett vermeiden lässt – geben Sie sich selbst die Erlaubnis, dies zu tun, und achten Sie gut auf Ihr Energiekonto.

DAS MACHT GUTE LAUNE

Musik

Hören Sie Musik, die Ihnen gefällt. Gute Musik, die Sie bei einer unangenehmen oder langweiligen Tätigkeit hören, kann Ihre Einstellung dazu verändern. Wenn ich die Kinder morgens für den Kindergarten anziehe, höre ich fröhliche Popmusik, die mich in Schwung bringt, doch im stockenden Verkehr oder wenn ich es eilig habe, bevorzuge ich klassische Musik. Natürlich können Sie auch singen oder ein Instrument spielen.

Kleidung

Schlüpfen Sie in Ihre Lieblingskleidung oder tragen Sie eine Farbe, die Sie beflügelt. Vielleicht lieben Sie auch eine bestimmte Lippenstiftfarbe? Ich habe eine Kette von meiner Großmutter. Wenn ich sie trage, fühle ich ihre Nähe, deshalb ist sie eines meiner Lieblingsstücke. Wählen Sie Ihre Kleidung sorgfältig aus und ziehen Sie sich mit Liebe und Sorgfalt an.

Duft

Ich genieße es, Parfüm, Raumspray und Kerzen zu verwenden, und finde, dass Düfte in Verbindung mit einer Intention starke Wirkung haben. Zum Beispiel zünde ich eine wohlriechende Duftkerze an, wenn Ted seinen Mittagsschlaf macht, und verbinde sie mit der Intention, diese wertvolle Zeit gut zu nutzen. Finden Sie heraus, welche Düfte bei Ihnen welche Stimmungen hervorrufen.

Lachen

Schauen Sie eine Komödie, eine Show oder einen Videoclip, die Sie zum Lachen bringen. Bringen Sie Lachen in Ihren Tag. Und unterschätzen Sie nicht die Kraft von YouTube-Katzen-Videos!

Spielen

Spiele sind etwas Wunderbares, sie beschaftigen den Geist und machen dabei gute Laune. Puzzles, Rätsel, Karten- oder Brettspiele – es gibt heutzutage ein fantastisches Angebot. Wenn Sie zum Beispiel ein Vogelfan sind, werden Sie Vogel-Bingo ebenso lieben wie meine Familie. Oder balgen Sie einfach mit den Kindern oder Ihrem Vierbeiner auf dem Boden herum.

Den Horizont erweitern

Erlernen Sie eine neue Fähigkeit, probieren Sie eine neue Sportart aus, bereiten Sie ein neues Rezept zu oder essen Sie mal etwas ganz Neues. Worauf sind Sie neugierig? Erforschen Sie die Welt und finden Sie heraus, was Sie inspiriert. Es gibt so viele Möglichkeiten! Ich bin ein großer Fan von guten Podcasts und TED-Talks, Vorträge der alljährlich stattfindenden Innovations-Konferenz, die mit Untertiteln im Internet angeschaut werden können.

Kreativität

Es gibt eine Fülle von Möglichkeiten, um sich kreativ zu betätigen, damit das Glück fließt. Mandala-Malbücher, Origami – oder Sie nehmen einfach einen Bleistift und zeichnen drauflos. Genießen Sie es, kreativ zu sein und sich auszudrücken. Oder wenn Sie tolle Kunst sehen möchten, dann gehen Sie in ein Museum.

Schönheit

Entwickeln Sie einen Blick für alles Inspirierende, Natürliche, Kunstvolle und spüren Sie, wie es Sie belebt. Lernen Sie, das Schöne in den Dingen zu sehen, wo immer Sie sind. Nutzen Sie auch die Kraft Ihrer Fantasie.

Haltung bitte!

Eine aufrechte Körperhaltung reicht schon aus, um sich besser zu fühlen. Der Psychologe Erik Peper hat die Beziehung zwischen Körperhaltung und geistiger Verfassung in einer faszinierenden Studie untersucht[38]. Die Art des Sitzens und Stehens sowie die Körperhaltung haben großen Einfluss auf unsere Stimmung und unsere Energie. Die Forschungsergebnisse von Peper zeigen, dass eine gebeugte oder zusammengesunkene Haltung Energie raubt, die Stimmung sinken lässt, negative Erinnerungen wachruft und zum Weinen verleitet. Wird die Wirbelsäule gestreckt und der Brustkorb geweitet, so steigen Laune und Vitalität und die Erinnerung an positive Ereignisse wird gefördert. In einer aufrechten, offenen Haltung ist es tatsächlich schwierig, sich an Negatives zu erinnern, auch das Weinen fällt schwerer. Beobachten Sie Ihre Haltung und nehmen Sie wahr, wie Sie sich fühlen. Probieren Sie die Yogaübungen am Ende dieses Kapitels. Noch nicht überzeugt? Googeln Sie Amy Cuddy und ihre inspirierenden Vorträge über „Körpersprache" auf der Webseite der Innovations-Konferenz im TED-Talk.

Entwickeln Sie einen Blick für alles Inspirierende, Natürliche, Kunstvolle und spüren Sie, wie es Sie belebt.

GUTE LAUNE KANN MAN LERNEN

GENUSS

▸ Dies ist mein Garant für gute Laune: Werden Sie zum Genießer und schon wird alles gut. Genuss kann ein Gedanke oder eine Handlung sein, die Freude schafft, verstärkt und erhält. Einer angenehmen Erfahrung schenkt man volle Aufmerksamkeit, man lässt sich auf sie ein und fühlt sie so lange wie möglich ganz intensiv.

Beim Genuss gibt es drei verschiedene Aspekte – Vergangenheit, Gegenwart und Zukunft. Die Vergangenheit können Sie zum Beispiel genießen, indem Sie sich mit Freunden über gemeinsame schöne Erinnerungen austauschen. An der Gegenwart erfreuen Sie sich, indem Sie sich ganz auf den Moment einlassen wie etwa auf eine gute Tasse Kaffee: Sie nehmen ihre wärmende Wirkung, den Geschmack und das Aroma wahr. Und die Zukunft können Sie genießen, indem Sie sich auf etwas freuen und visualisieren, was vor Ihnen liegt, wie zum Beispiel einen lang ersehnten Urlaub. Üben Sie sich in diesen Fähigkeiten und lassen Sie sich keinen Moment der Freude entgehen!

DANKBARKEIT

Dankbarkeit ist der andere große Alchemist. Lernen Sie, dieses Gefühl zu verinnerlichen, und Ihr ganzes Leben wird sich verändern. Dankbarkeit ist wie ein Segen, ein Gefühl der Wertschätzung und Bewunderung. Sie ist eng mit dem Genuss verbunden und Gedanken der Dankbarkeit können helfen, positive Lebenserfahrungen zu genießen. Dankbarkeit ist ein Gegenpol zu Emotionen wie Eifersucht, Furcht und Enttäuschung und viel intensiver und machtvoller, als einfach nur „danke" zu sagen. Die Praxis der Dankbarkeit richtet sich auf den gegenwärtigen Moment, auf die Wertschätzung des Lebens in diesem Augenblick, genauso wie er ist, und dessen, was dazu geführt hat.

Am liebsten übe ich diese Fertigkeit bei einem Dankbarkeitsspaziergang – hierbei geht man nach draußen mit der ausdrücklichen Absicht, für das Beglückende zu danken. Lassen Sie Ihren Verstand nicht um Sorgen kreisen, sondern nehmen Sie alles um sich herum wahr, was Ihnen Freude bereitet. Denken Sie an all die Dinge in Ihrem Leben, für die Sie dankbar sind. Das können kleine Dinge sein, die heute gut gelaufen sind, oder Ereignisse im Leben, die Ihnen Türen geöffnet haben. Denken Sie an Wege, wie Sie wachsen können, und drücken Sie ein tiefes Gefühl von Dankbarkeit für das aus, was ist, was war und was sein wird. Sie können diese Übung auch drinnen und im Sitzen machen. Eigentlich können Sie sie überall und jederzeit ausführen.

Es gibt weitere Methoden, um diese Fertigkeit noch zu vertiefen. Schreiben Sie zum Beispiel einen Dankesbrief oder tätigen Sie einen Dankesanruf. Dankbarkeit von Angesicht zu Angesicht, in einem Brief oder am Telefon auszudrücken ist äußerst wirksam. Denken Sie an eine Person, der Sie Dank schulden, und sagen Sie ihr ganz konkret, wofür Sie sich bedanken. Sprechen Sie im Detail aus, was diese Person für Sie getan hat und wie sie Ihr Leben bereichert hat. Es ist auch eine gute Übung, undankbare oder demütigende Gedanken wahrzunehmen und anzuerkennen. Wenn diese Gedanken auftauchen, dann treten Sie ihnen gütig und bewusst entgegen und versuchen Sie, die Situation aus einer anderen, wohlwollenden Perspektive zu betrachten.

SICH IN GÜTE ÜBEN

▸ Güte oder Freundlichkeit bedarf kaum einer Erklärung, wir alle wissen, was das ist. Es ist hilfreich zu wissen, dass Güte eine starke Verbindung zwischen Menschen schafft und Beziehungen beleben und festigen kann. Güte setzt eine Aufwärtsspirale von Freude in Gang. Wenn Sie das nächste Mal eine kleine Stärkung brauchen, dann denken Sie weniger daran, was andere für Sie tun könnten, sondern vielmehr, wie Sie anderen helfen können.

Gibt es jemanden, der heute Ihre Hilfe braucht? Was können Sie beitragen? Können Sie Ihre Meinung über das Verhalten anderer vielleicht mildern? Mir hilft das Mantra: „Verletzte Menschen verletzen Menschen", wenn ich mich in Güte gegenüber lieben Menschen üben möchte, wenn sie gereizt oder schwierig sind. Es erinnert mich daran, dass ich sie auch in ihren am wenigsten liebenswerten Momenten liebevoll behandeln möchte.

Güte kann sich einfach nur in einem Lächeln zeigen, darin, die Vorlieben eines anderen zu beachten, besonders rücksichtsvoll im Verkehr zu sein oder Ihrem pubertierenden Jugendlichen mehr Aufmerksamkeit zu schenken. Suchen Sie die Herausforderung und tun Sie Dinge, die Ihnen nicht leicht fallen, dann merken Sie, wie Sie daran wachsen. Oder Sie erweisen jemandem einen Gefallen, ohne etwas im Gegenzug zu erwarten. Fühlen Sie, wie das Ihr Herz erfüllt? Weiten Sie diese Güte auch auf Sie selbst aus! Sie kennen doch Ihren inneren Kritiker? Es ist an der Zeit, Frieden mit ihm zu schließen.

SICH SELBST GENUG SEIN

Kommt Ihnen das bekannt vor?

- **Ich bin nicht gut genug.**
- **Ich weiß nicht genug.**
- **Ich bin nicht stark genug.**

Die Liste lässt sich wahrscheinlich fortführen ... Welche dieser Überzeugungen lässt Sie am meisten aufhorchen? Jeder kennt mindestens eine. Ein nagender Satz, der im Kopf herumspukt. Falls Sie es wissen möchten, meine Überzeugung ist „Ich weiß zu wenig“.

Ich habe gelernt, dass ich diesen Glaubenssatz nicht unbedingt zum Schweigen bringen muss; ich kann meinen Frieden damit finden. Etwa so, wie wenn man Angst vor etwas hat und es trotzdem tut. Lassen Sie uns direkt zum Kern dieser Irrglaubenssätze kommen. Ich werde Ihnen einige Einblicke geben, in der Hoffnung, dass diese Sätze auch bei Ihnen an Macht verlieren.

Und das möchte ich Ihnen nicht nur auf intellektueller, sondern auch auf zellulärer Ebene mitgeben – das bedeutet, dass diese Erkenntnis von jeder Zelle und Faser Ihres Körpers aufgenommen werden soll. Ich möchte, dass Sie diese Affirmationen aufsaugen, dass Sie sie innerlich oder laut – wenn es geht – wiederholen, sodass sie in Ihr Innerstes dringen.

- **Sie sind schon genug.**
- **Sie sind schon vollständig.**
- **Sie sind schon perfekt.**
- **Jedes Leben ist schon ganz, perfekt und vollständig – es wurde Ihnen als einem wunderbaren Lebewesen geschenkt.**
- **Es gibt kein Loch, das gefüllt werden muss, nichts muss repariert werden, nichts muss getan werden.**

Wir müssen uns nur an das erinnern, was wir vergessen, verlernt oder anders gesagt bekommen haben. Das habe ich in meiner eigenen Persönlichkeitsentwicklung gelernt, aber auch bei meiner Arbeit mit vielen anderen Menschen in ihrer Entwicklung erfahren. Die Vorstellung, dass wir nicht genug sind, trifft bei meinen Klienten, egal ob jung oder alt, auf ein ständiges Echo. Selbst die brillantesten Menschen trifft sie ins Herz. Sie kann einen auffressen, bis man lernt, die Wahrheiten auf dieser Seite wirklich zu verinnerlichen.

Man braucht keinen Universitätsabschluss, keinen Beruf, keine Zensuren, keine andere besondere Leistung, die diesen Zweifel wegzaubern oder dieses Loch füllen – nur Sie selbst müssen begreifen, dass es kein Loch gibt, das gefüllt werden muss.

Aber wie können wir mit diesen Selbstzweifeln unseren Frieden schließen? Probieren Sie es einmal hiermit.

1. Was ist Ihr Glaubenssatz?

Vielleicht ist es einer, vielleicht sind es mehrere. Was nagt an Ihnen?

2. Nehmen Sie wahr

Nehmen Sie den Satz bewusst wahr, wenn er sich wieder mal aufdrängt.

3. Entspannen Sie sich

Das ist schon etwas schwieriger. Lernen Sie, den Satz anzunehmen. Jedes Mal, wenn Sie ihn wahrnehmen, begrüßen Sie ihn mit einem Lächeln wie einen alten Freund. Gehen Sie liebevoll mit ihm um, so wie mit einer alten Strickjacke, die Sie manchmal tragen – ein uraltes Ding. Legen Sie ihn sich um die Schultern und schütteln Sie ihn nicht ab. Wenn Sie den Satz nicht weiter beachten, können Sie sich möglicherweise entspannen und die Überzeugung gleitet wie von selbst von Ihren Schultern. Wenn sie aber bleibt, atmen Sie und nehmen Sie sie mit. Jedes Mal, wenn meine Überzeugung, „nicht genug zu wissen", hochkommt, dann lasse ich mich davon nicht beirren und denke stattdessen daran, welchen Wert ich Weisheit beimesse und wie ich mein Wissen immer weiter ausbaue. Das treibt mich an, tiefer zu gehen, weiterzumachen und mehr zu lernen.

4. Damit umgehen

Erkennen Sie, dass der Glaubenssatz nur ein Gedanke ist – er ist keine absolute Wahrheit. Mit dieser Vorstellung gelingt es mir weiterzukommen. Ich stelle mir vor, dass es in mir verschiedene Persönlichkeiten oder Anteile oder Stimmen gibt. Viele von ihnen kennen Sie sicherlich – den inneren Kritiker, das innere Kind, die innere Cheerleaderin, die innere Älteste. Lernen Sie Ihre innere Älteste kenne, die weißhaarige Version von Ihnen, die lächelt und sagt: „Alles wird gut." Allein das Wissen um diese Vorstellung ermöglichte mir, die Stimme meiner inneren Ältesten besser wahrzunehmen – sie spendet mir oft Trost, erinnert mich an Lösungen, die ich früher schon einmal gefunden hatte, und hilft mir, bei einer momentanen Situation eine Lösung zu finden. Ich erlaube allen diesen Anteilen ihre Stimme, gebe aber der, die mich bei Zweifeln und Ängsten unterstützt, ein imaginäres Mikrofon. Es geht nicht darum, angstfrei zu sein oder für jede Situation einen Ausweg zu haben, sondern darum, trotzdem da zu sein und weiterzukommen.

Können wir uns selbst beurteilen? Auf jeden Fall. Es ist aber nicht unser Wert als Mensch, der zur Debatte steht. Es sind nicht unsere Ziele oder Leistungen, die Anzahl der Freunde, unser Bankguthaben oder die Größe unseres Hauses und Autos, die bewertet werden. Nach meiner Erfahrung sind folgende Fragen weitaus nützlicher.

- **Leben Sie Ihrer Wahrheit entsprechend?**
- **Leben Sie ein erfülltes Leben, das Ihnen sinnvoll erscheint?**
- **Leben Sie ein Leben, das von Ihren einzigartigen Stärken, Fähigkeiten und Talenten geprägt ist?**
- **Leben Sie ein Leben, das von Ihren Werten geleitet und geprägt ist?**

Kleine Juwelen ‣

‣ Packen Sie in Ihren Selfcare-Koffer alles ein, was Ihre Stimmung hebt, zum Beispiel Musik, Kleidung, Duft, künstlerische Aktivitäten und Dinge, die Sie zum Lachen bringen. Achten Sie auf Ihre Körperhaltung und auf alles, was Sie inspiriert.

‣ Machen Sie sich selbst gute Laune, indem Sie das Leben genießen, in glücklichen Erinnerungen schwelgen, sich schönen Momenten genüsslich hingeben oder eine freudvolle Zukunft ausmalen. Und: Geteilte Freude ist doppelte Freude.

‣ Verbieten Sie Ihrem inneren Kritiker nicht die Stimme, aber lassen Sie die innere Cheerleaderin lauter werden.

‣ Der Tag bekommt einen neuen Wert, wenn Sie durch ein einfaches Danke oder einen Dankbarkeitsspaziergang das Positive in Ihrem Leben anerkennen. Fragen Sie sich selbst: „Was lief heute gut?"

‣ Üben Sie sich in Güte, um Ihre Stimmung zu heben. Wie können Sie andere unterstützen? Selbst die kleinste Freundlichkeit kann ein Stimmungsalchemist sein. Wenden Sie Güte auch auf sich selbst an.

‣ Sagen Sie das Mantra: „Ich bin mir genug. Ich bin vollständig. Ich bin perfekt. Jedes Leben ist ganz, perfekt und vollständig – es wurde mir als einem wunderbaren Lebewesen geschenkt. Es gibt kein Loch, das gefüllt werden muss, nichts muss repariert werden, nichts muss getan werden."

Notizen ▸

GUTE-LAUNE-YOGA

Ausfallschritt mit erhobenen Armen

Stellen Sie sich ans hintere Ende der Matte, die Füße hüftbreit auseinander, so wie auf zwei Schienen. Mit dem rechten Fuß einen großen Schritt nach vorn machen, entlang der gedachten Schiene. Das rechte Knie tief beugen und das hintere Bein strecken – die Ferse des hinteren Fußes ist angehoben. Beim Einatmen die Arme über den Kopf in eine V-Form nehmen. Beim Ausatmen die Ellenbogen zur Seite sinken lassen, bis die Arme ein W bilden, die Fingerspitzen zeigen nach oben. 6-mal wiederholen, dann die Beine wechseln. Diese Übung baut auf und belebt.

Bergposition auf Zehenspitzen

Die Füße hüftbreit auseinanderstellen und die Handflächen außen an die Oberschenkel legen. Beim Einatmen die Arme nach oben über den Kopf bringen, dabei die Fersen anheben. Beim Ausatmen Arme und Fersen gleichzeitig kontrolliert in die Ausgangsposition zurückbringen – das ist leichter gesagt als getan! Schultern und Kiefer entspannen. 6-mal wiederholen.

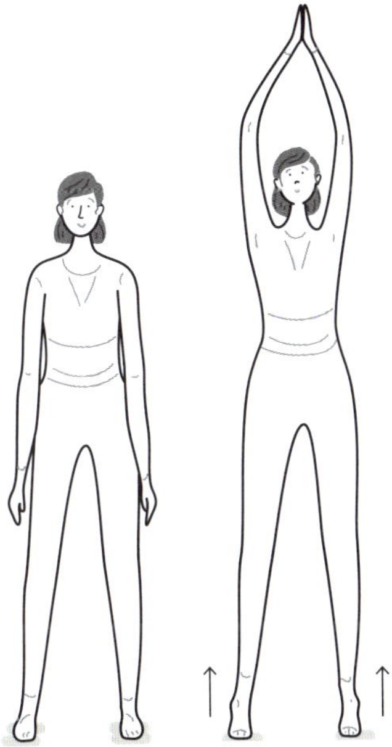

Dynamischer Twist im Stehen

Die Füße schulterbreit aufstellen. Beide Arme auf die rechte Seite schwingen, den Oberkörper dabei mitnehmen. Dann auf der linken Seite wiederholen. Die Arme sollten locker und entspannt herabhängen. Den Twist auf jeder Seite mindestens 6-mal ausführen und dabei die Freiheit und Leichtigkeit der Bewegung spüren.

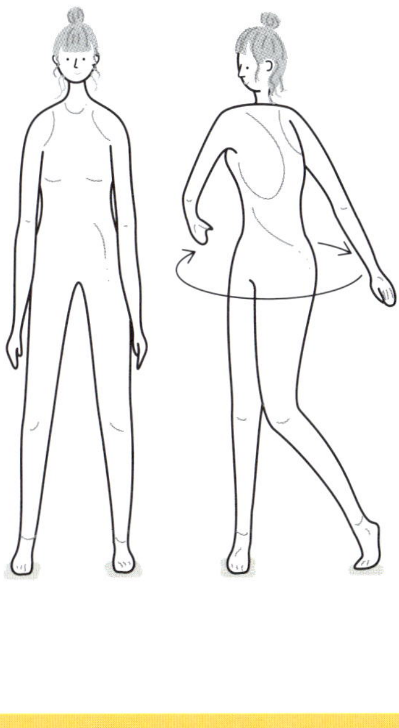

sieben

ZIELE & ERFOLG

„Finde eine glückliche Person und du hast ein Projekt“[39]. Diese weisen Worte stammen von Sonja Lyubomirsky, Professorin für Glück, und ich finde, da ist etwas Wahres dran. Lernen, wie man effektiv seine Ziele setzt – das ist ein weiteres Feld des Vitalitätsrads. Wenn Sie Ihre Essgewohnheiten, Bewegungs- und Schlafmuster ändern oder mehr Zeit für Entspannung, Freunde oder die Urlaubsplanung haben wollen, dann hilft es, zunächst ein Ziel vor Augen zu haben. Sollten Sie sich beim Lesen dieses Buch nur ein Ziel setzen, dann lassen Sie es bitte die Intention sein, täglich gut für sich selbst sorgen zu wollen.

Möchten Sie etwas in Ihrem Leben bewegen, bessere Essgewohnheiten etablieren, wieder auf die Füße kommen oder den Beruf wechseln? Dann ist ein konkret formuliertes Ziel hilfreich. Untersuchungen haben ergeben, dass es dann eher erreicht wird[40]. Konkrete Ziele erleichtern die Zeiteinteilung und geben dem Leben eine Struktur. Sie schärfen das Bewusstsein, geben Ihnen Ansporn und Ausdauer und helfen Ihnen, im Einklang mit Ihren Werten zu handeln. Untersuchungen zeigten weiter, dass Menschen, die sich für eine persönliche Sache engagieren, glücklicher sind als Menschen ohne feste Ambitionen[41].

Wenn Sie sich aber für den Gedanken an Ziele nicht erwärmen können, dann lesen Sie trotzdem weiter. Es gibt nämlich ein paar sehr einfache Prinzipien zur Zielsetzung, die dennoch hilfreich für Sie sein könnten. Die richtigen Ziele geben Auftrieb, die schlecht formulierten demotivieren Sie. Bevor Sie sich irgendwelche Ziele setzen, werden Sie sich ehrlich über Ihre Energiereserven bewusst und über die Anforderungen, die gerade an Sie gestellt werden. Wenn sich beim Brainstorming ein Ziel so anfühlt, als wäre es eher eine Last, dann sollten Sie es zu einer „Intention" umformulieren – vielleicht steigert ja eine einfache tägliche Verpflichtung schon Ihr Wohlbefinden. Das Ziel könnte aber auch sein, nur den Tag zu überstehen, oder wenn es wirklich schwer ist, diese Stunde. Viele Menschen sagen mir, sie hätten einfach keine Zeit, sich Ziele zu setzen. Falls Sie dazugehören, dann wären meine warnenden Worte, dass Sie wenig Veränderung in Ihrem Leben zu erwarten haben: Wenn Sie eine sinnvolle Veränderung schaffen wollen, geschieht sie nicht von allein, ein Ziel wird dabei helfen.

Als ich an meinem Tiefpunkt angekommen war, mussten meine Ziele einfach sein – zum Beispiel verpflichtete ich mich zu fünf Minuten Yoga pro Tag. In Charlottes ersten Lebensjahren war das alles umfassende Ziel für mich, wieder auf die Beine zu kommen und die beste Mutter unter den gegebenen Umständen zu sein. Es war nicht der richtige Zeitpunkt, um große Ziele in weiter Ferne zu setzen.

Sogar beim zweiten Mal mit Ted, als ich etwas mehr Energie für Humor hatte, kann ich scherzhaft sagen, dass das Ziel dieser Phase darin bestand, einfach nur zu blinzeln und zu atmen. Sowie ich aber merkte, dass die Energie etwas besser floss, und sich Raum für weitere

Vorhaben auftat, war es an der Zeit, mir längerfristige Ziele vorzunehmen. Ich genoss es, mich wieder auf meine Arbeit zu konzentrieren, investierte mehr Zeit in meine Beziehungen und hatte die Steigerung meiner körperlichen Gesundheit im Blick. Alles hat seine Zeit, aber wir können nicht alles gleichzeitig tun. Deshalb setzen Sie weise Ihren Fokus.

Mein großer Traum für dieses Jahr ist zum Beispiel eine Reise nach Sydney, um Ted die Strände meiner Kindheit zu zeigen. Das ist im Hinblick auf die finanzielle Planung ein herausforderndes Ziel. Ohne es klar zu artikulieren, ohne dass wir uns gemeinsam dazu verpflichten und entschlossene Schritte unternehmen, ist es nicht zu realisieren. Und es ist großartig zu erkennen, wie dieses Ziel dazu beiträgt, Entscheidungsfindungen zu vereinfachen – jedes Mal, wenn meine Sechsjährige unbedingt etwas haben möchte, frage ich sie: „Was möchtest du lieber? Diese kleine Sache, an der du fünf Minuten deinen Spaß hast, oder nach Australien fahren und mit der Oma in den Taronga Zoo gehen?“ An anstrengenden Tagen visualisiere ich dieses Ziel und das hilft mir, in Schwung zu kommen, um weiter daran zu arbeiten.

Alles hat seine
Zeit, aber wir
können nicht alles
gleichzeitig tun.

REALISIERBARE ZIELE SETZEN

▸ **Wie setzen Sie sich geschickt formulierte Ziele, die motivieren und aufbauen? Lyubomirsky[42] beschreibt fünf Eigenschaften von Zielen, die unser Wohlbefinden bestmöglich steigern.**

1. Intrinsisch

Ziele, die Sie persönlich belohnen und inspirieren, im Gegensatz zu „extrinsischen“ Zielen, die spiegeln, was andere von Ihnen wünschen – Ziele, von denen Sie glauben, dass Sie sie anstreben sollten oder die Ihnen aufgedrängt werden.

2. Authentisch

Ziele, die in Ihren Wertvorstellungen, Interessen und Überzeugungen verankert sind und somit Ihrer Persönlichkeit und natürlichen Stärke entsprechen. Wenn Sie Ihre Werte und Stärken nicht klar erkennen, gehen Sie zum Kapitel „Werte & Intentionen“ (siehe Seite 192–207). Ihre Ziele müssen Sie innerlich berühren. Der Motivationsredner Simon Sinek bringt es auf den Punkt: „Harte Arbeit für etwas, das uns egal ist, nennt man Stress. Harte Arbeit für etwas, das wir lieben, nennt man Leidenschaft.“ Beispielsweise habe ich letztes Jahr mein Ziel „besser kochen“ weit verfehlt. Warum? Weil das Kochen an sich nichts ist, was mir wichtig ist. Dieser Vorsatz brachte mich also nicht zum Handeln. Wenn ich mir aber genauer anschaue, wie das Kochen mein Leben verbessern kann, erschließt sich mir sein Wert und mein Interesse ist geweckt. Denn ich möchte für mich und meine Familie gesunde, nahrhafte Gerichte zubereiten. Ich will meinen Kindern auch beibringen, dasselbe für sich selbst zu tun. Und ich möchte

ein authentisches Leben im Wohlgefühl praktizieren und ein Vorbild für meine Familie sein. So betrachtet wird das Kochen zu einer grundlegenden Aktivität, die es mir erlaubt, so zu leben, wie es mir wichtig ist. Dadurch wird das Ziel ausgeweitet auf die Formulierung: „Ich will nahrhaftere Gerichte zubereiten und die Kinder in den Prozess einbeziehen", was mich dann zum Handeln bewegt.

3. „Annähern" statt „vermeiden"

Formulieren Sie Ihre Ziele positiv, sodass sie zu einem wünschenswerten Ergebnis führen bzw. Sie sich daran annähern. Formulierungen sind gleichzeitig Aufmerksamkeitsanker, d. h. bei dem Vermeidungsziel „weniger Schokolade essen" fokussiert sich das Denken auf den Begriff „Schokolade". Ein effektiveres Ziel wäre, ein neues Wohlfühlritual zu finden, zum Beispiel eine genussvolle Tasse Tee. Wenn wir zum Beispiel das Ziel „abnehmen" umformulieren zu „täglich für mehr Vitalität sorgen", so kommen wir automatisch in Form und treffen auf natürliche Weise bessere Entscheidungen für unseren Lebensstil. Bei Menschen, die glücklich und voller Energie sind, besteht die Tendenz, dass negative Gedankenmuster und ungute Verhaltensweisen von selbst verschwinden. Die Forschung belegt meine Erfahrung, dass wir oft auch dann abnehmen, wenn wir uns zu Werten verpflichten, die nicht direkt mit einem Gewichtsverlust in Verbindung stehen[43].

4. Harmonie

Ihre Intentionen sollten sich ergänzen und keinesfalls im Widerspruch zueinander stehen. Eine der frustrierendsten Phasen in meinem Leben war, als Teddy noch sehr klein war und meine beiden Ziele lauteten: „Für Ted da sein" und „Mir eine berufliche Existenz aufbauen". Diese beiden konkurrierenden Ziele boten ein fabelhaftes Rezept für einen inneren Konflikt und bis ich eine Lösung gefunden hatte, steckte ich in der Klemme. Manchmal müssen wir Ziele „parken", bis die Umstände günstiger sind; oder wir erreichen ein Ziel, um uns danach einem anderen zuzuwenden. Es hilft, alles von oben zu betrachten und sich ehrlich einzugestehen, was im Moment vernünftig und umsetzbar ist. In Beziehungen ist es sehr hilfreich, wenn die Ziele beider Partner harmonieren. Nicht immer ist es beiden möglich, gleichzeitig ihre Ziele zu verfolgen, dann sollten sie sich am besten abwechseln.

5. Vernünftig und flexibel

Berücksichtigen Sie Ihre aktuelle Situation und Ihre Möglichkeiten. Diese können sich allerdings ändern, deshalb müssen die Ziele flexibel gestaltet sein. Feste Ziele sind die beste Voraussetzung für einen inneren Konflikt, also lassen Sie am besten etwas Entwicklungsspielraum.

ZIELE ERREICHEN

DEN KOPF FREI MACHEN

▸ Bevor Sie Ihre Ziele formulieren, sollten Sie in der richtigen Stimmung dafür sein. Wenn Sie bereit sind, notieren Sie in Ihrem Tagebuch, was Sie erreichen möchten. Lassen Sie sich nicht einschränken durch Zweifel, wie und ob diese Ziele zu erreichen sind. Formulieren Sie sie stattdessen mithilfe der fünf Eigenschaften (Seite 176–178) – je genauer und klarer Sie dies tun, desto besser ist es – und geben Sie der Verwirklichung Zeit. Denken Sie noch nicht an die konkrete Umsetzung, schreiben Sie sie einfach auf. Dadurch schließen Sie psychologisch einen Vertrag mit sich selbst. Sobald Sie Ihre Ziele bewusst gewählt haben (richtige Ziele erkennen Sie daran, dass sich der Gedanke an sie gut anfühlt), machen Sie ein Brainstorming für die nötigen Schritte, die Sie unternehmen müssen. Es reicht nicht aus, sich die Ziele mental vorzustellen. Wenn Sie etwas verändern möchten, müssen Sie auch zur Tat schreiten.

DIE ERSTEN SCHRITTE

▸ Sobald Sie herausgefunden haben, was Sie wollen, sollten Sie sich eine Vorgehensweise überlegen. Machen Sie ein Brainstorming, was für das Erreichen Ihrer Ziele

nötig ist. Wenn Ihr Ziel zum Beispiel lautet, die Fitness zu steigern – was genau müssen Sie dann tun? Welche Verhaltensweisen sollten Sie noch intensivieren und welche zur Erreichung des Ziels besser ändern? Schreiben Sie drei Schritte auf, die Sie jetzt unternehmen können, um Ihrem Ziel näherzukommen – das könnte ein Anruf bei einer Freundin sein, um sich für einen gemeinsamen Walk zu verabreden. Vielleicht kaufen Sie aber zuerst Laufschuhe? Sobald Sie Ihre Punkte abgearbeitet haben, was kommt als Nächstes? Schreiben Sie es auf und verpflichten Sie sich dazu, es zu tun. Und nicht vergessen: Machen Sie an jedem Tag, der Sie Ihrem Ziel nähergebracht hat, ein Kreuz. Wenn Sie erst einmal damit angefangen haben, wollen Sie nicht mehr aufhören.

IN KLEINEN SCHRITTEN

- Ihr Endziel teilen Sie am besten in kleine Unterziele auf – betrachten Sie sie als Mini-Erfolge, die Sie feiern können, um sich zu motivieren. Das ist ein wirksamer Weg, um Trägheit zu überwinden und sich nicht überfordert zu fühlen. Nach der Geburt von Ted begann ich mit der Arbeit an diesem Buch. Es war wahrscheinlich verrückt, das Ziel „ein Buch schreiben" mit einem Neugeborenen auf dem Arm zu verfolgen, doch dies war ein Weg für mich, um die beiden Ziele Berufsleben und Mutterschaft erreichen zu können. Ich schrieb, wenn er schlief, und indem ich das Projekt in kleine Stücke aufteilte, konnte ich es realisieren. Zunächst überlegte ich mir das Thema, dann ordnete ich meine Gedanken dazu, schrieb das Manuskript, hörte mich in der Verlagswelt um, suchte mir einen Agenten, fand einen Verlag – und hier ist es! Diese mundgerechte Portionierung war unerlässlich, damit alles überschaubar blieb. Auch kleine Belohnungen beim Erreichen der Einzelziele können helfen. Auf jeden Fall sollten Sie etwas Motivierendes wählen, das Ihre Bemühungen auf lange Sicht trägt.

MÖGLICHE HINDERNISSE UND IHRE ÜBERWINDUNG

- Denken Sie an mögliche Hindernisse, die sich Ihnen in den Weg stellen könnten – mangelnde Zeit oder Energie, fehlendes Geld oder Wissen. Falls eine dieser Barrieren unüberwindbar sein sollte, könnten Sie Ihr Ziel auch umformulieren oder Ihren Zeitrahmen überdenken. Wenn

Sie die Hindernisse vorausschauend angehen, können Sie schneller wieder den Faden aufnehmen. Ausweichsätze wie zum Beispiel: „Wenn ich länger arbeiten muss und zu spät zur Gymnastik komme, dann führe ich mein 10-Minuten-Programm zu Hause durch." Mit Plan B werden Sie auch bei Rückschlägen keine Niederlage erleben.

VERLASSEN SIE SICH AUF IHR TEAM

- Ziehen Sie andere zur Unterstützung heran. Sorgen Sie dafür, dass andere von Ihrem Ziel erfahren. Das hilft den Menschen um Sie herum zu verstehen, was Ihnen wichtig ist, und Sie zu unterstützen, anstatt Ihnen unbewusst Steine in den Weg zu legen. Vielleicht finden Sie zur gegenseitigen Unterstützung auch einen Zielpartner, sodass Sie sich austauschen und gemeinsam an Ihren Zielen arbeiten können. Oder es gibt eine Freundin, die sich freut, wenn es Ihnen gut geht, und die Sie bitten können, ehrlich zu sein.

Zur Unterstützung können Sie auch einen Coach zurate ziehen, mit dem Sie gemeinsam brainstormen, der unbefangen ist, nachhakt und Ihr Verantwortungsbewusstsein stärkt. Vielleicht haben Sie auf einigen Gebieten Schwierigkeiten, dann kann der Coach Ihnen gute Lösungswege vorschlagen. Die kommen eher zum Ziel mit Menschen, denen Sie Ihre Ziele mitteilen und die Ihnen helfen.

ÜBERPRÜFEN, KORRIGIEREN & FEIERN

- Überprüfen Sie Ihre Ziele in festgelegten Intervallen, korrigieren Sie sie, setzen Sie Prioritäten und bestätigen Sie Ihre Verpflichtung. Und als ein weiterer Nutzen unserer Ziele – feiern wir Erfolge! Nur allzu oft laufen wir direkt wieder auf die nächste Hürde zu. Nehmen Sie sich also Zeit, um Ihre Mini-Erfolge zu würdigen, und feiern Sie sie mit Ihrem Team. Ich liebe es, in meinem Vitalitätstagebuch zu blättern und eine Bestandsaufnahme zu machen. Dabei schaue ich mir die Ziele an und betrachte den Fortschritt. Manchmal habe ich ein Ziel noch nicht ganz erreicht, aber ich kann den kleinen Schritt auf dem Weg dorthin feiern. Andere Ziele fallen automatisch weg, weil sie für mich nicht mehr wichtig sind oder anderes Vorrang hat.

ERFOLGE ERKENNEN

▸ Der wegweisende Psychologe Martin Seligman hat Erfolg als einen der „fünf Eckpfeiler des Wohlbefindens" ausgemacht – und das aus gutem Grund. Die Anerkennung von Erfolg ist eine Quelle von Energie und Unterstützung. Das Nachdenken darüber, was alles gut läuft, ist ein wirkungsvoller Weg, den eigenen Selbstwert zu stärken. Dabei geht es nicht nur um öffentliche Auszeichnungen und Leistungen wie Diplome, sondern darum, eine gute Leistung im Alltag anzuerkennen. Mein Dasein als Mutter hat mir das deutlich gezeigt. Wenn ich mich nur der Erziehung meiner Kinder widme, erscheint das Leben wie ein Murmeltiertag. Wenn ich jedoch im täglichen Trott ein Erfolgserlebnis habe, fühle ich mich viel besser.

Ich denke, an dieser Stelle ist es hilfreich anzuerkennen, dass Erfolg zu unterschiedlichen Zeiten in unserem Leben eine andere Bedeutung hat und dass wir unsere Definition von Erfolg den jeweiligen Rollen und momentanen Verpflichtungen anpassen müssen. Bevor die Kinder kamen, war mein beruflicher Erfolg etwas Greifbares. Ich hatte Klienten, die sich überschwänglich bei mir bedankten, ein Kalender voller ausgebuchter Termine erinnerte mich an meinen Wert und Weinflaschen zu Weihnachten zeigten mir, wie sehr ich geschätzt wurde. Aber als Mutter? Eine andere Geschichte. Es gibt keine Lohnerhöhung oder Beförderung. Mein „Klient" bedankt sich eher nicht dafür, dass ich seine Windeln wechsele – eigentlich muss ich sogar die meiste Zeit gegen seinen Widerstand ankämpfen, um meinen Job erledigen zu können. Wie viele Jugendliche bedanken sich bei Ihnen dafür, dass der Kühlschrank gefüllt ist? Der Abwasch erfüllt mich sicherlich nicht mit dem Gefühl, einen wertvollen Beitrag zu dieser

Welt zu leisten ... aber gibt es trotzdem Erfolge? Und genau das ist es – wir brauchen nur unsere Augen zu öffnen, um sie zu sehen.

Wir alle müssen lernen, uns auf die Schulter zu klopfen, weil wir die Aufgaben vom Tag erledigt haben. Wenn ich jeden Mini-Erfolg als echte Errungenschaft anerkenne, habe ich ein Gefühl von Triumph, weil ich weiß, dass meine Kinder gekleidet, gefüttert und versorgt sind. Mütter und Väter, ihr wischt nicht nur Nasen ab oder fahrt euer Kind zum nächsten Unterricht – betrachtet euch von oben und seht, dass ihr euch um einen Menschen kümmert!

Sie führen Ihr eigenes Unternehmen oder sind angestellt? Feedback und Lob sind manchmal schwer zu bekommen. Vielleicht liegen Ihre Arbeitstage auch hinter Ihnen und Ihre Erfolge müssen von anderen Seiten als der Arbeit kommen. Fahnden Sie nach Erfolgen, ob groß oder klein. Überlegen Sie, welche Anstrengungen Sie unternommen haben, um sie zu verwirklichen, und genießen Sie die Leistung. Spüren Sie, wie das Ihre Energiespeicher auffüllt? Warten Sie nicht darauf, dass andere zu Ihnen sagen: „Gut gemacht!“, das können Sie auch für sich selbst tun und es fühlt sich genauso gut an. Ich finde es auch schön, wenn man es sich zur Gewohnheit macht, die Leistungen anderer anzuerkennen. Spüren Sie die Aufwärtsspirale der positiven Gefühle.

BEGRÜSSEN SIE IHR ZUKÜNFTIGES ICH

▸ Wenn ich ein Ziel habe und abzusehen ist, dass mich etwas Verlockendes von meinem Vorhaben abbringen könnte, dann ist für mich die Vorstellung von „Vergangenheit", „Gegenwart" und „Zukunft" sehr hilfreich. Ihr vergangenes Ich ist die Person, die Sie gestern, vor fünf Jahren, vor 20 Jahren waren. Wenn es um Ziele geht, denken Sie daran, dass Sie Ihr vergangenes Ich nicht ändern können, ändern können Sie nur, wie Sie darüber denken. Ihr gegenwärtiges Ich ist die Person, die Sie jetzt, in diesem Moment sind, heute. Das können Sie steuern – Sie haben die Macht zu beeinflussen, wer Sie gerade sind und welche Entscheidungsmöglichkeiten sich in diesem Moment bieten. Ihr zukünftiges Ich ist die Person, die Sie morgen, nächsten Monat oder in zehn Jahren sein werden. Es ist das Ergebnis jeder einzelnen Entscheidung, die Ihr gegenwärtiges Ich trifft – ich treffe bessere Entscheidungen, wenn ich mir diese Verbindung klarmache.

Steht eine Entscheidung an, die mit Ihrem Ziel zusammenhängt, so überlegen Sie, wie sich jede Wahlmöglichkeit auf Ihr kommendes Ich auswirkt. Welche Möglichkeit unterstützt Ihr zukünftiges Ziel? Sehen Sie die Möglichkeiten auch im Licht vergangener Entscheidungen und ihrer Auswirkungen – und lernen Sie daraus. Könnten Sie eine Belohnung auch aufschieben, um sich Ihrem künftigen Ich anzunähern, selbst wenn Ihr gegenwärtiges Ich laut aufschreit? Gibt es einen Weg, Ihr gegenwärtiges Ich zufriedenzustellen, ohne dass das künftige Ich untergeht? Schaffen Sie ein Gleichgewicht zwischen der Fürsorge für Ihr gegenwärtiges und Ihr zukünftiges Ich.

Meditieren Sie über Ihr künftiges Ich – wer ist diese Person, die Sie sein werden? Geben Sie ihr eine Stimme und hören Sie zu! Denken Sie daran, dass die Entscheidung bei Ihnen liegt und dass häufige gute Entscheidungen Sie näher an die Person heranbringen, die Sie sein möchten. Dieses Jahr werde ich 40 und es gibt kaum ein bedeutenderes Datum oder Ereignis, um sich einen Tritt in den Hintern zu geben. Ich habe viel Zeit damit verbracht, mir vorzustellen, wer ich mit 40 sein will. Ich kann diese Person sehen, hören und spüren. Oft frage ich mich: „Was würde sie tun?" Und ich weiß, wenn ich dieselbe Wahl wie sie treffe, bin ich der besten Version von mir einen Schritt nähergekommen.

Es kann dauern, bis man auf dem Weg ist, den man gehen möchte, deshalb brauchen Sie Ausdauer und Mitgefühl und – am wichtigsten von allem – seien Sie gütig zu sich selbst. Gestehen Sie sich ein, wenn Sie Hilfe bei der Realisierung brauchen. Falls es etwas gibt, was Sie sich schon lange wünschen, doch – egal was Sie tun – es klappt einfach nicht, dann bitten Sie um Unterstützung. Ebenso wenn etwas neu ist und Sie nicht wissen, wie Sie damit umgehen sollen – holen Sie sich Hilfe.

Kleine Juwelen ‣

‣ Lassen Sie Ihr Ziel greifbar werden, indem Sie über die Schritte zur Realisierung nachdenken. Fangen Sie klein an, indem Sie das Ziel in Mini-Erfolge einteilen, die Sie feiern können. Bedenken Sie mögliche Hindernisse und finden Sie im Vorfeld Lösungen, damit Sie am Ball bleiben. Schließen Sie mit sich selbst einen Vertrag und bauen Sie auf Unterstützung durch Ihr Team.

‣ Sie wissen, dass Sie das richtige Ziel vor Augen haben, wenn es Sie mit Vorfreude erfüllt.

‣ Die besten Ziele sind positiv formuliert und entsprechen Ihren Werten und persönlichen Vorstellungen. Lassen Sie Ihren Zielen Raum und bedenken Sie, was Ihnen an Zeit, Energie und Geld zur Verfügung steht. Vermeiden Sie unbedingt widersprüchliche Ziele.

‣ Das sinnvolle Formulieren von Zielen hilft, gesunde neue Gewohnheiten einzuführen, und ist ein wichtiger Schritt, um Self-care-Praktiken aus dem Vitalitätsrad anzugehen.

‣ Nehmen Sie Ihr Tagebuch und geben Sie sich ohne Einschränkung Ihren Träumen hin, Sie müssen gar nicht wissen, wie sie sich erfüllen lassen.

‣ Seien Sie sich über sich selbst im Klaren, bevor Sie mit Freunden über Ihre Ziele brainstormen oder einem Anfall von Kreativität nachgeben.

▸ Eigene Erfolge anzuerkennen ist ein wirksames Self-care-Instrument, das den Selbstwert stärkt. Tragen Sie Fortschritte in Ihr Vitalitätstagebuch ein. Notieren Sie, was heute gut lief, und aalen Sie sich ruhig darin.

▸ Denken Sie darüber nach, was Erfolg für Sie bedeutet, und erkennen Sie, dass sich Ihre Vorstellungen von Erfolg im Lauf des Lebens wandeln. Lernen Sie, sich selbst auf die Schulter zu klopfen.

▸ Denken Sie an die Person, die Sie sein möchten, um nicht vom Ziel abzukommen. Ihr künftiges Ich besteht aus jeder Entscheidung, die Sie in diesem Moment treffen. Sie haben immer eine Wahl und indem Sie auch mal eine sofortige Belohnung aufschieben und oft gute Entscheidungen treffen, nähern Sie sich der Person, die Sie sein möchten, an. Schreiben Sie in Ihr Vitalitätstagebuch, wer Sie sein möchten, geben Sie dieser Person eine Stimme, hören Sie ihr zu und werden Sie zu dieser Person.

▸ Ziele motivieren, machen Mut, verankern die Aufmerksamkeit und vereinfachen das Zeitmanagement – und sie machen auch glücklich. Ziele setzen bedeutet Self-care.

YOGA ZUM FOKUSSIEREN & MOTIVIEREN

Halber Sonnengruß

Die Füße hüftbreit auseinanderstellen und die Hände außen an die Oberschenkel legen. Beim Einatmen die Arme nach oben führen, der Blick folgt. Beim Ausatmen in die Vorbeuge gehen und in den Knien leicht nachgeben. Die Brust zieht in Richtung Oberschenkel und der Kopf in Richtung Füße. Beim Einatmen den Rücken parallel zum Boden anheben, die Hände flach auf die Schienbeine legen, dabei die Rückenmuskulatur spüren. Beim Ausatmen den Rücken entspannen und in die Vorbeuge gehen. Beim Einatmen den Oberkörper aufrichten, die Arme über den Kopf heben, der Blick folgt. Beim Ausatmen die Knie beugen und in die Hocke gehen, die Arme gerade nach vorn ausstrecken. Beim nächsten Einatmen in den Stand kommen und die Arme über den Kopf heben. Beim Ausatmen die Arme senken, der Blick geht nach vorn. 3–6-mal wiederholen und spüren, wie das Energie und Wärme freisetzt.

Krieger im seitlichen Ausfallschritt

Die Füße seitlich auf der Matte in doppelter Schulterbreite aufstellen, Gesicht nach vorn. Die rechten Zehen nach außen drehen und den linken Fuß 45 Grad nach außen winkeln. Die Beine strecken, einatmend die Arme über dem Kopf zusammenbringen, die Handflächen berühren sich, Blick nach oben. Beim Ausatmen das rechte Knie tief beugen und das linke Bein gestreckt halten, die Arme auf Schulterhöhe ausstrecken. 3–6-mal durchführen, dann den Krieger 5 Atemzüge lang halten. Das Bein wechseln.

Vorbeuge im Stehen

Die Füße hüftbreit öffnen, die Hüfte beugen, den Bauch Richtung Oberschenkel bringen. Mit den Fingerspitzen den Boden berühren und die Knie gut beugen. Beine nur dann strecken, wenn es sich gut anfühlt. Darauf achten, dass der obere Rücken nicht gerundet ist. Den Bauch entspannt lassen und fühlen, wie der Kopf Richtung Erde zieht. 5–10 Atemzüge verweilen, dann die Wirbelsäule langsam nach oben aufrollen.

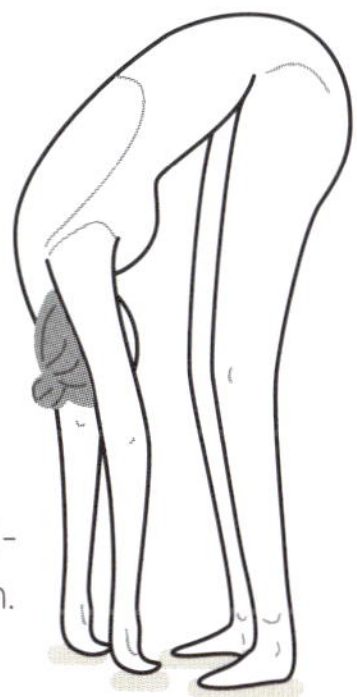

acht

WERTE & INTENTIONEN

▸ 2014 war mein Jahr der Umwälzungen. Geprägt von mutigen Entscheidungen und tiefgreifenden Veränderungen war es trotz unseres Optimismus so, als würden wir durch Schlamm waten. Aber ich würde es sofort wieder tun! Für mich gibt es nichts Wertvolleres, als gemeinsame Zeit mit geliebten Menschen zu verbringen, zu sehen, wie Großeltern auf ihr Enkelkind treffen oder, dass der Partner erfolgreich ist. Dennoch war es nicht einfach und wir haben viel dabei gelernt.

Hier ein Ausschnitt: Während meiner Schwangerschaft verkauften wir unsere erste Wohnung und mein Elternhaus, verabschiedeten uns von unserem Leben in Sydney und zogen nach Großbritannien. Vier Monate lebten wir aus dem Koffer, arbeiteten hart an unserem Berufsleben, wir bekamen ein Baby und unsere Tochter kam zum ersten Mal in eine Betreuung. Das Jahr endete mit einer Weihnachtsfeier im Kreis der Familie meines Mannes und dem sehr traurigen, aber absehbaren Tod meines lieben Schwiegervaters.

Es war eine anstrengende und oft einsame Zeit voller kleiner Höhepunkte. Obwohl vieles schlecht lief, konnte ich durchhalten, denn es gab einen triftigen Grund für unsere Entscheidung. Ich schaute über mich und mein Ego hinaus und sah alles in einem größeren Zusammenhang. Jedes Mal, wenn ich an unserer Umzugsentscheidung zweifelte, erinnerte ich mich, worum es mir ging: Zeit mit Daves Vater zu verbringen. Wir handelten aus unserem Herzen heraus und wurden von unseren Werten geleitet, dadurch konnte ich an uns glauben.

Ein Sinneswandel, der von Prinzipien geleitet ist, erscheint einfach, aber das heißt nicht, dass er es auch ist! Manchmal packt uns Ungeduld, wenn wir uns auf einen mutigen, von Werten geleiteten Weg begeben. Ich erinnere mich an meinen Frust, als die Dinge sich nicht nach Plan entwickelten. Die richtigen Jobs waren schwerer zu finden als erwartet, wir erhielten nicht den Kindergartenplatz, den wir uns erhofft hatten, drei Wunsch-Häuser bekamen wir nicht. Damals fand ich, dass sich das Universum eigentlich „für" uns hätte verschwören müssen, weil wir doch das Richtige taten. Wir waren uns über unsere Werte im Klaren, wir handelten zielorientiert und trotzdem erreichten wir nicht, was wir uns erhofften ... in der gewünschten Zeit. Und das ist der springende Punkt. Wir ernteten die Früchte unserer Arbeit, aber es dauerte weit länger und kostete mehr harte Arbeit und Kopfschmerzen als gedacht. Mein Mantra für Geduld und Optimismus lautet: „Es kommt." Wenn dieses Gefühl aufsteigt, das sagt: „Ich will es gestern", oder meine Ziele noch Lichtjahre entfernt sind, dann beruhigen mich diese Worte.

Mit den eigenen Werten in Einklang zu sein ist die magische Zutat, die die verschiedenen Teile des Vitalitätsrads zusammenbringt. Werte sind das Herzstück Ihrer Selbstfürsorge und indem Sie sich dazu verpflichten, regelmäßig gut auf sich zu achten, sind Sie auf dem besten Weg, das Leben zu leben, das Sie anstreben, und die Person zu werden, die Sie sein wollen. Ich möchte eine geduldige, liebevolle und mitfühlende Mutter sein, ich möchte professionell mit Kraft und Authentizität arbeiten, die Partnerin sein, die ich mir vorstelle, und eine Ehe führen, die mir lieb ist. Self-care ist eine duale Feedbackschleife: Man sorgt für sich selbst, um seine Werte zu leben; und das Artikulieren der Werte motiviert einen, gut für sich zu sorgen.

Die Verbindung mit Intentionen kann die Art und Weise verändern, wie man über eine Tätigkeit, eine Rolle im Leben oder seine Lebensumstände denkt. Werden Entscheidungen im Hinblick auf die eigenen Werte getroffen, so erhält man Klarheit, das macht es einfacher, richtig zu handeln und gute Entscheidungen zu fällen. Zu wissen, was man will, reicht nicht aus – man muss auch wissen, warum man es will. Sich über die Gründe im Klaren zu sein, warum Sie einen bestimmten Weg einschlagen, hilft Ihnen weiterzumachen, wenn das Leben Stolpersteine parat hält.

Sich mit den eigenen Werten zu verbinden, belebt und inspiriert und deshalb ist es eine Self-care-Aktivität, wenn man allein schon über die eigenen Werte nachdenkt. Handeln im Einklang mit seinen Werten fühlt sich authentisch an und das ist eine Qualität, die man benötigt, um Herausforderungen ins Auge zu blicken.

Einklang mit den eigenen Werten ist die magische Zutat, die die Teile des Vitalitätsrads zusammenbringt.

DIE EIGENEN WERTE ERKENNEN

UNTERSCHIED ZWISCHEN WERT UND ZIEL

- Werte sind persönliche Lebenseinstellungen, Leitsätze ohne Endpunkt, die dem Leben eine Richtung geben, es prägen und bestimmen. Ziele haben einen Endpunkt und können erreicht werden. Ziele geben Fokus und Bestimmung, während Werte Klarheit und Absicht vermitteln. Wir setzen unsere Ziele im Interesse unserer Werte. Werte bringen uns in Kontakt mit dem, was uns als Individuum wirklich wichtig ist und was ein gut geführtes Leben für uns bedeutet. Wenn wir in Übereinstimmung mit unseren Werten leben, schenkt uns das ein starkes Gefühl von Energie.

DIE WERTE BESTIMMEN

- Auf den nächsten Seiten sind einige Anhaltspunkte. Lassen Sie sich von den Fragen inspirieren, um Ihre Werte klar zu erkennen. Denken Sie darüber nach, meditieren Sie, sprechen Sie mit Freunden, schreiben Sie in Ihr Tagebuch oder legen Sie sich ein Vision Board an. Halten Sie sich Ihre Werte mithilfe von Schlüsselwörtern, Zeitungsausschnitten, Affirmationen oder Leitsätzen vor Augen. Mein Kühlschrank ist ein Vision Board der besonderen Sorte: Fotos, Schulauszeichnungen von meiner Tochter, meine Urlaubswunschliste in Bildern, Notizzettel mit motivierenden Sprüchen. Natürlich können Sie auch Ihr Vitalitätstagebuch verwenden. Hauptsache, es macht Spaß.

Wer möchten Sie sein?

Am besten kann ich meine Werte erkennen, wenn ich am Abend darüber nachdenke, welche Rollen ich im Laufe des Tages eingenommen habe. Fragen Sie sich selbst, welche Eigenschaften Sie in den Rollen besitzen und wie Sie in Erinnerung bleiben wollen? Wie möchten Sie als Partner, als Elternteil, als Sohn oder Tochter, als Freundin und am Arbeitsplatz sein?

Welche Eigenschaften sind Ihnen wichtig?

Eine weitere Lieblingsmethode von mir zur Klärung, was einem wichtig ist und was man gut kann, stammt von den Psychologen Dr. Martin Seligman und Dr. Chris Peterson, die den Test „Charakterstärken" entwickelt haben. Man kann ihn online durchführen oder die Liste der 24 Charakterstärken als Denkanstoß nutzen. Das sind: Kreativität oder Einfallsreichtum, Neugier oder Interesse an der Welt, kritisches Denken oder Aufgeschlossenheit, Freude am Lernen, Weitsicht, Mut, Ausdauer oder Fleiß, Ehrlichkeit oder Integrität, Enthusiasmus, die Fähigkeit, zu lieben und geliebt zu werden, Güte, soziale Intelligenz, Loyalität oder Teamfähigkeit, Fairness und Gerechtigkeitsempfinden, Führungsvermögen, Vergebungsbereitschaft, Bescheidenheit, Umsicht oder Vorsicht, Selbstbeherrschung, Sinn für das Schöne und Besondere, Dankbarkeit, Hoffnung, Humor, Spiritualität oder Glauben. Welche dieser Eigenschaften möchten Sie entwickeln und vorleben?

Der Fragebogen kann unter www.charakterstaerken.org kostenlos ausgefüllt werden. Anschließend erhalten Sie eine Rangliste der 24 Stärken. Die ersten fünf sind Ihre Hauptstärken, die letzten fünf können Sie noch ausbauen. Überlegen Sie, wie Sie Ihre Stärken nutzen können, und spüren Sie nach, ob und wie Ihnen das Energie verschafft.

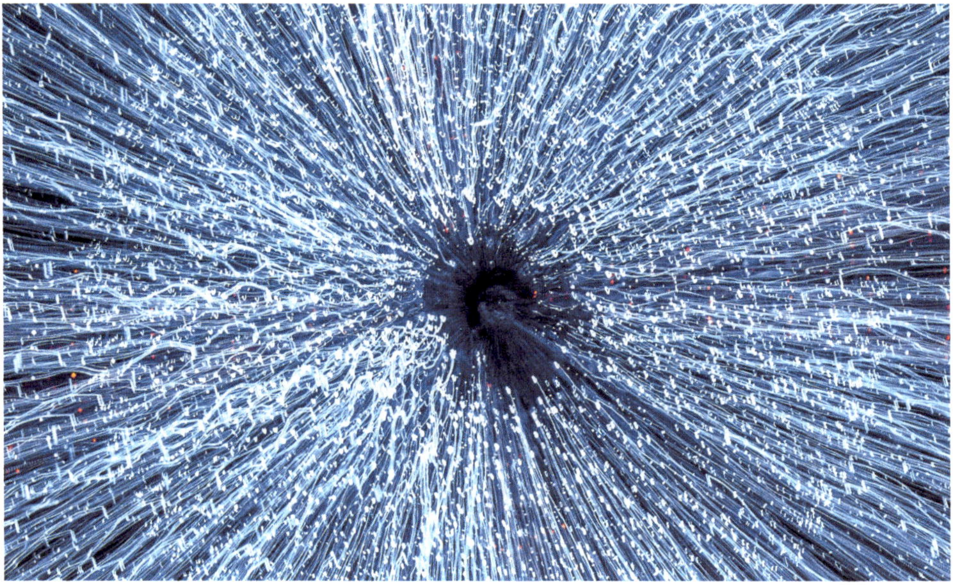

Wann fühlen Sie Bewunderung oder Wut?

Denken Sie an eine Situation, die Sie wütend macht. Überlegen Sie, warum das so ist. Welches Ihrer Prinzipien wird dabei verletzt oder beeinträchtigt? Denken Sie umgekehrt an eine Person, die Sie bewundern. Wofür steht diese Person, was hat sie geleistet und was schätzen Sie an ihr? Das sind die Eigenschaften und Überzeugungen, die Ihnen wichtig sind.

Was steht auf Ihrer Wunschliste?

Haben Sie eine Liste, auf der all die Dinge stehen, die Sie erreichen und erleben möchten, bevor Sie aus dem Leben gehen? Die Antwort auf die Frage, warum sie Ihnen wichtig sind, kann Aufschluss darüber geben, worauf Sie im Leben Wert legen. Und das Gedankenspiel „Wenn ich noch 30 Tage Zeit zum Leben hätte, würde ich ...“ zeigt Ihnen auch glasklar, was Sie wertschätzen.

AUSGEGLICHENHEIT HERSTELLEN

- Denken Sie an die verschiedenen Aspekte in Ihrem Leben: Liebe, Familie und Freunde, Arbeit, Gesundheit, persönliches Wachstum und Bildung, Freizeit, Finanzen und Lebensstandard, Gemeinschaft, Spiritualität oder Lebensumgebung. Was ist Ihnen in diesen Bereichen wichtig? Was könnten Sie unternehmen, um darin zu wachsen und sich zu entwickeln? Das kann Kraft geben, tun Sie also diese Aktivität in Ihren Self-care-Koffer, wenn Sie sich von ihr inspiriert fühlen.

Es ist sehr hilfreich, die einzelnen Bereiche des Lebens ins Gleichgewicht zu bringen. Wenn ich manchmal unter großem Druck im Arbeitsleben stehe, stecke ich zu viel Energie in diesen Bereich – auf Kosten anderer Aspekte meines Lebens. Ich habe festgestellt, wenn ich mehr Energie in diese „vernachlässigten" Aspekte investiere – wie Sozialkontakte pflegen oder ganz simpel meinen häuslichen Aufgaben nachkommen –, dann führt das zu einem Energieschub. Die Blockade ist beseitigt und die Dinge können sich auch bei der Arbeit entwickeln, obwohl ich mich um ganz andere wertvolle Bereiche gekümmert habe.

DIE INTENTIONEN ZUM LEBEN ERWECKEN

▸ Sobald Sie sich über Ihre Werte im Klaren sind, suchen Sie nach Möglichkeiten, sie umzusetzen. Anderen zu helfen kann ein Weg sein, um Ideen vom Papier in die Wirklichkeit zu bringen und ihnen Leben einzuhauchen. Beobachten Sie, was passiert, wenn Sie Ihre Energie und Mühe etwas Größerem als sich selbst widmen. Am Ende meiner täglichen Meditationen benutze ich oft dieses Mantra: „Alles, was ich bin, gebe ich der Menschheit und für alles, was ich bekomme, bin ich zutiefst dankbar." Wenn das bei Ihnen resoniert, denken Sie darüber nach und finden Sie Wege, es umzusetzen.

Damit wird auch betont, dass wir nicht in einer Blase leben – wir sind Individuen, die mit anderen Menschen interagieren und daraus ergeben sich Möglichkeiten. Ich denke, es gibt Phasen im Leben, in denen es sich so anfühlt, als wäre man an der Reihe, und andere Zeiten, in denen man eher in den Hintergrund rückt. Wir müssen unseren Blick auf einen größeren Zusammenhang richten – es geht nicht nur um uns allein. Es gibt andere Menschen in unserem Leben, es gibt andere Wünsche. Können wir großzügig sein und jemand anderen den Vortritt lassen, ohne ihm seinen Sonnenplatz zu missgönnen? Unsere Zeit kommt, vielleicht nur nicht dann, wenn wir es erwarten.

WERTE & VITALITÄTSRAD

- Schlagen Sie Ihr Tagebuch auf und notieren Sie jedes einzelne Feld des Vitalitätsrads, mit dem Sie arbeiten möchten. Wenn Sie sich fragen, was genau die Arbeit mit dem Feld Ihnen erleichtert zu tun oder zu sein, gewinnen Sie ein klareres Bild von Ihren Werten. Sie können auch eine Art Mission formulieren – Sie erklären Ihr „Warum" und dies dient dann als Richtlinie für Ihr Verhalten. So habe ich einige meiner Mantras entworfen. Es gibt kein Richtig oder Falsch, und für jedes Feld des Vitalitätsrads können es mehrere Missionen sein. Auf der nächsten Seite stehen ein paar Beispiele als Anregung.

Wenn ich Sport treibe, komme ich besser mit Stress klar und ich bin freundlicher. (Bewegung für den Geist.)

Wenn ich Schlaf den Vorrang gebe, bin ich geduldiger und mitfühlender. (Schlafen für die innere Gelassenheit.)

Wenn ich mir Zeit nehme, um mit meiner Familie zu lachen und Spaß zu haben, stärkt das unsere Verbindung. (Die Familie, die zusammen spielt, hält zusammen.)

Wenn ich mit mir selbst liebevoll umgehe, bin ich auch anderen gegenüber liebevoller. (Sprechen Sie zu sich selbst immer wie zu Ihrem besten Freund oder zu ihrer besten Freundin.)

Notizen ▸

Kleine Juwelen ‣

‣ Die Beziehung zwischen Self-care und dem Wissen um die eigenen Werte ist eine duale Feedbackschleife. Wir sorgen für uns selbst, damit wir ein gutes Leben führen können und die beste Version unseres Ichs sind. Das Wissen um Ihre Werte motiviert Sie, gut für sich zu sorgen und sich Zeit für sich selbst zu nehmen.

‣ Finden Sie ein Gleichgewicht zwischen den verschiedenen Aspekten Ihres Lebens: Liebe, Familie und Freunde, Arbeit, Gesundheit, persönliches Wachstum und Bildung, Freizeit, Finanzen und Lebensstandard, Gemeinschaft, Spiritualität oder Lebensumgebung.

‣ Erkennen Sie Ihre Werte, indem Sie über folgende Fragen nachdenken, die Antworten aufschreiben oder in Form von Bildern zusammentragen: Welche verschiedenen Rollen nehmen Sie in Ihrem Leben ein? Welche Eigenschaften sind Ihnen wichtig? Was bewundern Sie und was verärgert Sie? Was haben Sie notiert und warum?

‣ Spüren Sie Ungeduld aufsteigen, so erinnern Sie sich an die Devise: „Es kommt", und denken Sie daran, sich mit anderen zu verbinden.

‣ Werte sind Qualitäten, die Ihnen wichtig sind und Ihnen am Herzen liegen. Es sind Lebenseinstellungen, die sich nicht verändern. Im Sinne unserer Werte setzen wir uns Ziele, die erfüllt werden können.

‣ Damit Sie auch wirklich gut für sich sorgen, können Sie im Vitalitätsrad nachsehen, ob eine der Stärken Ihnen hilft, etwas zu tun oder zu sein. Schreiben Sie Ihre eigenen Mantras oder Missionen in Ihr Tagebuch und fühlen Sie, wie Ihnen das Kraft gibt.

‣ Klarheit über die eigenen Intentionen schafft große Freude, Motivation und Entschlossenheit. Was ist Ihr „Warum"? Haben Sie einen mutigen Weg eingeschlagen – ein Projekt, ein Unternehmen, familiäre Verpflichtungen? Oder wollen Sie durch winzige Veränderungen in Ihrem täglichen Leben neue, gesunde Gewohnheiten annehmen? Nehmen Sie sich einen Moment Zeit und überlegen Sie, warum Sie etwas tun, und schreiben Sie es in Ihr Tagebuch. Erinnern Sie sich in schweren Zeiten als Orientierung an den größeren Zusammenhang.

‣ Machen Sie Ihre Werte lebendig, indem Sie anderen helfen. Versuchen Sie dieses Mantra: „Alles, was ich bin, gebe ich der Menschheit und für alles, was ich bekomme, bin ich zutiefst dankbar."

YOGA FÜR DIE VERBINDUNG MIT DEM HERZEN UND FÜR DIE ENTSCHLOSSENHEIT

Knie an die Brust ziehen in Rückenlage

Auf dem Rücken auf die Matte legen, die Beine ausstrecken, die Arme neben dem Körper. Ausatmend das rechte Knie mit beiden Händen zur Brust ziehen und halten. Beim Einatmen die Arme über den Kopf bringen und das rechte Bein am Boden ausstrecken. Ausatmend das linke Knie mit beiden Händen zur Brust ziehen. Die Zehen des ausgestreckten Beines in Richtung Körper heranziehen, um es zu aktivieren. Bei jedem Bein 6-mal wiederholen. Lassen Sie ganz los und atmen Sie aus, was Sie nicht mehr brauchen.

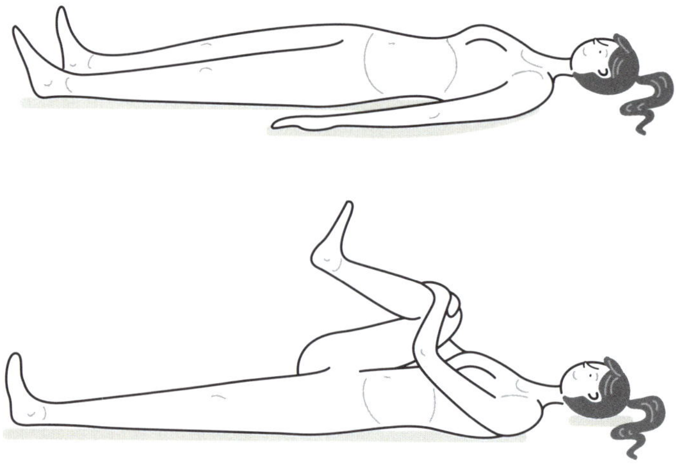

Krokodil

Die Knie zur Brust ziehen und die Arme auf Schulterhöhe zu beiden Seiten ausstrecken. Beide Knie in Richtung rechten Ellenbogen fallen lassen, Hände und Füße sind entspannt. Das obere Knie mit der rechten Hand halten. Den Kopf nach links drehen und 5–10 Atemzüge lang halten. Überlassen Sie sich ganz der Schwerkraft und lassen Sie los. Auf der anderen Seite wiederholen.

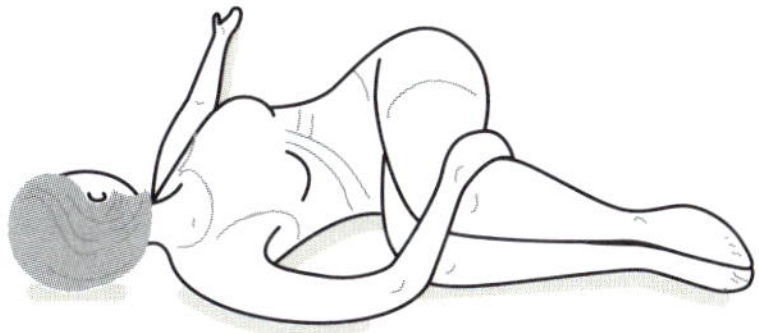

Schmetterling im Liegen

Auf den Rücken legen und ein Kissen unter jedes Knie schieben. Die Fußsohlen zusammenbringen und die Knie langsam nach außen fallen lassen. Zur Unterstützung die Kissen neu ausrichten. Die Fingerspitzen leicht auf dem Bauch aufliegen lassen und in den Bauchraum atmen. Die Augen schließen. Den Körper weich werden lassen und 5–10 Minuten lang die Bewegung des Bauchs in den Händen spüren. Entspannen und darauf vertrauen, dass alles, was man für den Erfolg braucht, schon in einem ist. Fühlen Sie es tief in Ihrem Inneren und erlauben Sie sich, das Gefühl für den Rest des Tages mitzunehmen. Gut gemacht!

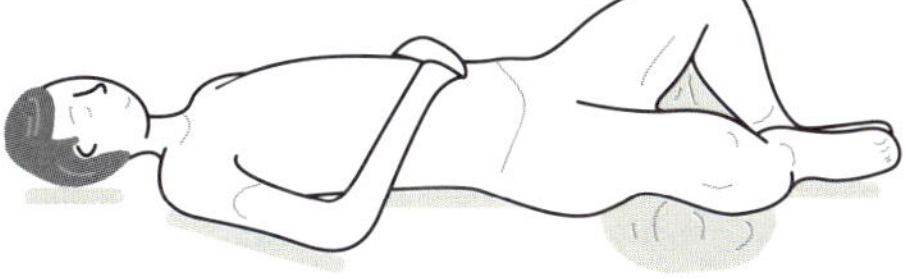

IHR SELF-CARE-KOFFER

- Setzen Sie sich hin und atmen Sie. Klopfen Sie sich selbst auf die Schulter als Dank dafür, dass Sie sich bemüht und viele lebensbejahende Informationen aufgenommen haben. So sorgen Sie aktiv für sich selbst. Der nächste Schritt ist das Umsetzen. Stellen Sie sich die Person vor, die Sie sein möchten, und erkennen Sie an, dass Sie zu Ihrem besten Ich werden, indem Sie sich verpflichten, gut für sich zu sorgen – das hat nichts mit Egoismus zu tun, im Gegenteil, denken Sie daran, wie sehr Ihre Nächsten davon profitieren.

Brené Brown bringt es auf den Punkt: „Sei die Person, von der du wünschst, dass deine Kinder sie einmal sein werden."[44] Wenn Sie keine Kinder haben, dann seien Sie die Person, von der Sie gewünscht haben, dass Ihre Eltern sie wären. Das bedeutet für jeden von uns etwas anderes, aber ich möchte, dass meine Kinder eine positive Wahrnehmung von Self-care haben, sodass sie genügend Möglichkeiten in der Hand haben, um ihr Leben zu meistern. Das Beste, was ich ihnen mitgeben kann, ist, dass ich selbst gut für mich sorge, sie in meinen Prozess einbeziehe und ihnen seinen Wert vermittle. Ich will sie zu belastbaren, gütigen und gewissenhaften Menschen erziehen, und sie sollen wissen, wie sie sich selbst guttun, um der beste Ausdruck ihrer selbst zu sein. Damit sie diese Eigenschaften wertschätzen, muss ich ihnen ein Vorbild sein. Und diese Person kann ich nur dann sein, wenn ich mein energetisches Konto mit Selbstfürsorge auffülle. Das gilt aber nicht nur für Eltern, sondern für jede Beziehung. Wenn Sie möchten, dass die Menschen um Sie herum gütig und geduldig sind, dann fangen Sie bei sich selbst an: Seien Sie gütig und geduldig.

WAS KOMMT ALS NÄCHSTES?

- Ergreifen Sie die Initiative – nehmen Sie sich das Vitalitätsrad vor und verinnerlichen Sie es. Schreiben Sie mehrere Self-care-Aktivitäten auf, die Sie auf den Feldern des Rads inspiriert haben. Stellen Sie aus Ihren Notizen einen Self-care-Koffer zusammen und werfen Sie bei Bedarf einen Blick darauf. Sie können geeignete Self-care-Aktivitäten auflisten oder Sie versuchen es mit einer meiner Lieblingsweisen, Self-care zu leben, indem Sie eine Liste von Gefühlszuständen machen und aufschreiben, was Sie in dieser Situation unternehmen, damit es Ihnen besser geht. Notieren Sie etwa Konsequenzsätze wie: „Wenn ich mich x fühle, dann mache ich y."

So sorgen Sie aktiv für sich selbst. Der nächste Schritt ist das Umsetzen.

Das steht im Moment in meinem Self-care-Koffer:

Wenn ich bedrückt bin, nehme ich mir mein Vitalitätstagebuch, um meine Ziele zu reflektieren.

Wenn ich erschöpft bin, stelle ich mich aufrecht hin und nehme sechs tiefe Bergatemzüge.

Wenn ich merke, dass ich wenig Zeit habe, wiederhole ich: „Ich habe alle Zeit der Welt."

Wenn ich Ängste habe, beruhige ich meinen Atem und lasse jegliche körperliche Anspannung los.

Wenn ich mich einsam fühle, gehe ich mein Team durch und kontaktiere jemanden.

Wenn ich gereizt bin, gehe ich in die Natur und nehme mir Zeit, um ihre Schönheit wahrzunehmen.

Wenn ich fühle, dass ich zerstreut bin, dann fokussiere ich mich auf mein persönliches „Warum“.

Wenn ich mich langweile, dann denke ich an etwas, worauf ich mich freue.

Wenn ich von allem genug habe, mache ich einen Spaziergang um den Block, um Dampf abzulassen.

Wenn ich von jemandem enttäuscht bin, den ich liebe, dann denke ich an seine herausragenden Eigenschaften.

Wenn ich mich glücklich fühle, dann genieße ich es!

Diese Liste ließe sich noch erweitern, aber sie hilft mir, etwas Konstruktives zu tun, wenn ich ruhe- oder antriebslos bin. Sie gefällt mir deshalb so gut, weil die einzelnen Aussagen wie Verpflichtungen sind, die ich mit mir selbst eingehe. Wenn ich in schwierigen Zeiten die Liste durchgehe, dann erhöht das deutlich die Wahrscheinlichkeit, dass ich zu einem förderlichen Verhalten finde, anstatt einer emotionalen Reaktion ausgeliefert zu sein, die meine Ziele womöglich sabotiert. Auch Ihnen wird die Liste helfen, besser mit stressigen Zeiten umzugehen – da bin ich mir sicher.

ZEIT FÜR SELF-CARE

- Wenn Sie sich davon angesprochen fühlen, verabreden Sie sich mit sich selbst und planen Sie, welche Self-care-Aktivität Sie unternehmen möchten. In Stressmomenten schauen Sie sich das Vitalitätsrad mit Ihren Notizen oder den Self-care-Koffer an und suchen Sie sich etwas heraus, das Ihnen hilft, mit einer Situation besser umzugehen. Sollten Sie zwischendurch eine freie Minute haben, dann nutzen Sie Ihre Aufzeichnungen, um eine lebensbejahende Aktivität auszuwählen, damit Sie keine Gelegenheit verpassen, Ihr Energiekonto wieder aufzufüllen. Sie sollten sich das Tagebuch immer wieder vornehmen, um Ihre Motivation für eine gute Selbstfürsorge aufrechtzuerhalten – das hilft! Bauen Sie Ihren Self-care-Koffer immer weiter aus, damit Sie den bestmöglichen Nutzen davon haben. Ich hoffe, dass Sie auch Yoga für sich entdecken können!

Wenn Sie gerne schreiben, nehmen Sie sich immer wieder mal Ihr Vitalitätstagebuch zur Hand und werfen Sie einen Blick auf Ihre Ziele. Möchten Sie sie ändern oder neu formulieren? Wenn Sie noch keine Ziele haben: Sind Sie jetzt bereit, einen Vertrag mit sich selbst abzuschließen? Können Sie drei Schritte für das Erreichen Ihrer Ziele festlegen und sich einen lockeren Zeitrahmen stecken? Gibt es etwas, das Sie genau jetzt tun können? Worauf warten Sie noch?

SELF-CARE IST NICHT EGOISTISCH

▸ Und wenn sich wieder mal diese nörgelnde Stimme meldet und sagt: „Das ist doch Luxus“ oder „Du hast weder Zeit noch Energie“, dann schütteln Sie sie mit einem Lächeln ab. Diese sabotierenden Überzeugungen sind nicht wahr. Wenn Sie mitten im Stress stecken und versucht sind, Selbstfürsorge als zu lästig abzutun – bitte tun Sie es nicht, denn genau jetzt ist die Zeit, wo Sie sie am nötigsten haben, um weiterzumachen. Es ist keine Extravaganz, nach einer Phase von Herausforderungen, Veränderungen oder Trauer seinen Energievorrat mit Self-care neu aufzubauen. Das ist genau das Mittel, um wieder auf die Füße zu kommen. Das Energiekonto zu füllen, damit Überraschungen einen nicht aus der Bahn werfen, ist alles andere als Luxus. Es ist sensibel, weise und nötig. Nähren Sie Kopf, Herz und Körper für sich und andere um Sie herum, sodass Sie die Person sind, die Sie sein möchten. Es ist Zeit da! Es gibt Wege, sich selbst zu pflegen, die keine Energie und keinen Aufwand benötigen. Öffnen Sie nur Ihre Augen und eignen Sie sie sich an.

Ganz herzlichen Dank, dass Sie diesen Weg mit mir gegangen sind. Ich hoffe, Sie fühlen sich mit diesen Techniken gerüstet und inspiriert, um für sich selbst zu sorgen: körperlich, emotional, energetisch und mental. Vieles davon sagt einem der gesunde Menschenverstand, doch das Umsetzen bereitet meist die größten Schwierigkeiten. Gehen Sie deshalb langsam und geduldig voran. Die Sorge für Sie selbst soll kein weiterer Punkt sein, den Sie auf Ihrer Liste abarbeiten. Wenn Sie hinter Ihren Intentionen zurückbleiben, schimpfen Sie nicht mit sich – denken Sie an Ihr persönliches „Warum“. Doch das Wichtigste ist, dass Sie aktiv bleiben. Sie verdienen es, aufzublühen, und die einzige Person, die dazu beitragen kann, sind Sie selbst. Wir sitzen alle im selben Boot.

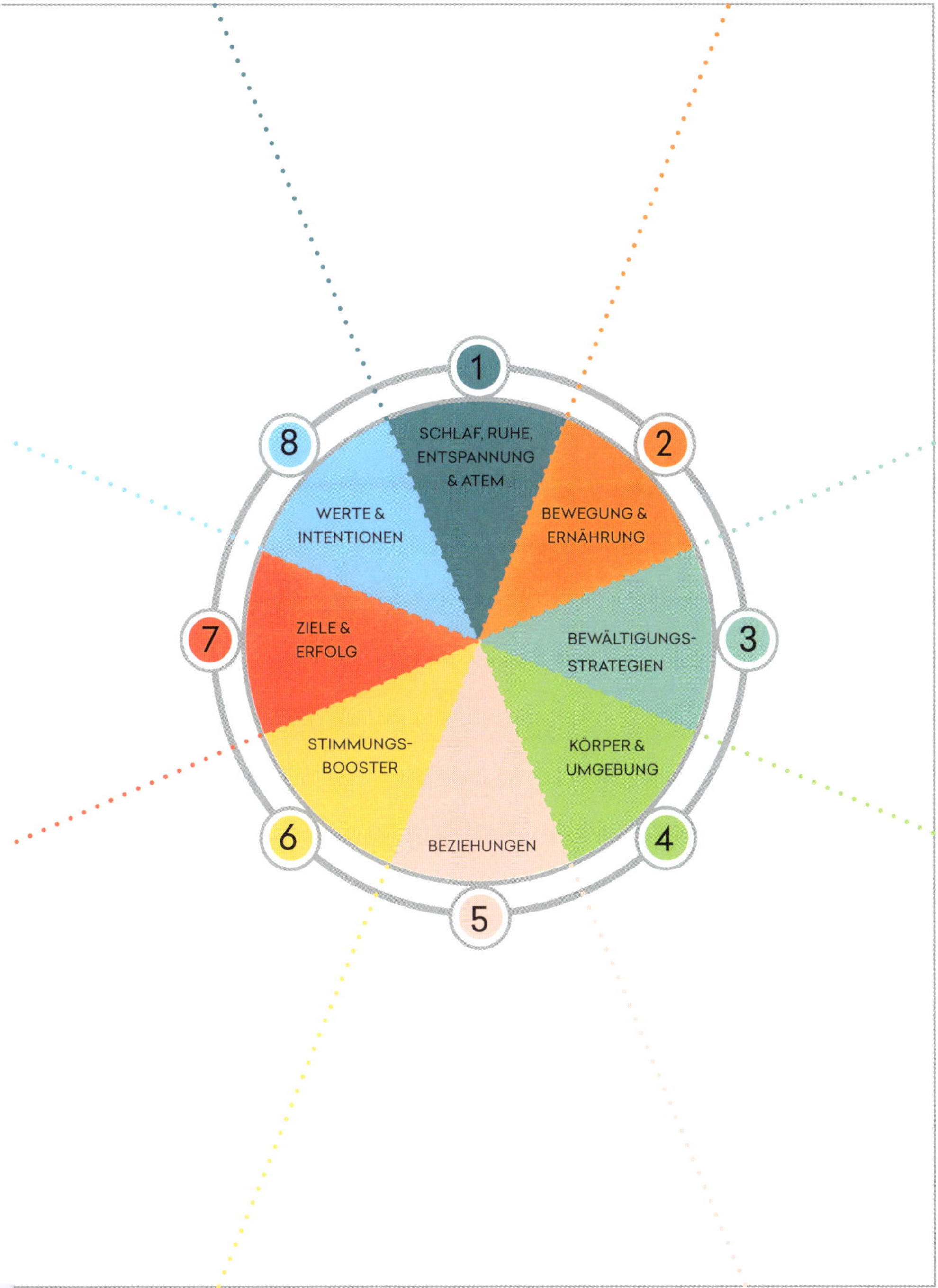
1
SCHLAF, RUHE, ENTSPANNUNG & ATEM
2
BEWEGUNG & ERNÄHRUNG
3
BEWÄLTIGUNGS-STRATEGIEN
4
KÖRPER & UMGEBUNG
5
BEZIEHUNGEN
6
STIMMUNGS-BOOSTER
7
ZIELE & ERFOLG
8
WERTE & INTENTIONEN

MANTRAS UND AFFIRMATIONEN

Selbstfürsorge ist Gesundheitsvorsorge.

Self-care ist nicht egoistisch.

Self-care bedeutet nicht „ich zuerst“, sondern „ich AUCH“.

Schlafen für die innere Gelassenheit.

Muss das WIRKLICH jetzt geschehen?

Es ist Zeit zum Ausruhen.

Ich muss im Moment nichts tun.

Wenn ich nicht schlafen kann, dann ruhe ich. Wenn mein Geist nicht ruhen kann, dann lasse ich meinen Körper ganz weich werden. Ich empfange das Einatmen, ich gebe mich dem Ausatmen hin. Ich werde zu meinem Atem.

Ich lasse alles los, was ich nicht brauche. Ich lasse alles gehen, was mir nicht guttut.

Bewegung für den Geist.

Wenn du isst wie ein Spatz, bekommst du ein Spatzenhirn.

Wenn ich etwas genieße, dann mit voller Hingabe.

Ich gebe mich dem Moment hin.

Ich erlaube mir ...

Lege einen Ring darum.

Kann ich etwas daran ändern?

Glauben Sie nicht alles, was Sie denken!

Gibt es einen Silberstreifen am Horizont?

Ist das in einem Jahr noch wichtig?

Ich habe alle Zeit der Welt.

Aufgeräumtes Zuhause, aufgeräumter Geist.

Ich spüre, wie die Erde mich trägt.

Ich erlaube meinem Körper, von der Erde getragen zu werden.

Ich bin sicher, ich werde geliebt, ich werde getragen.

Ich strahle Liebe aus.

Verletzte Menschen verletzen Menschen.

Sei vor allem liebevoll.

Sei nicht DIE klügere Person, sondern EINE klügere Person.

Wir sitzen im selben Boot.

Jetzt ist die Zeit, etwas zu genießen, alles andere kann warten.

Haltung bitte!

Mein Tag kann jeden Augenblick wieder neu beginnen.

Ich bin mir schon genug. Ich bin schon vollständig. Ich bin schon perfekt. Es gibt kein Loch, das gefüllt werden muss, nichts muss repariert werden, nichts muss getan werden.

Ich schieße meinen Pfeil der Intention.

Das Universum unterstützt mich und meine Intention.

Ich bin fest entschlossen, nichts kann mich von meinem Weg abbringen.

Alles, was ich für den Erfolg brauche, ist schon in mir.

Ich schätze mich.

Alles, was ich bin, gebe ich der Menschheit und für alles, was ich bekomme, bin ich zutiefst dankbar.

Was habe ich heute beigetragen?

Ich handle im Einklang mit meinen Werten.

Es kommt.

LITERATURANGABEN

[1] World Health Organisation Executive Board, „Global burden of mental disorders and the need for a comprehensive, coordinated response from health and social sectors at the country level“, in: *EB130/9 130th session 1*, Dezember 2011, Provisional agenda item 6.2

[2] Falsafi, N. „A Randomized Controlled Trial of Mindfulness Versus Yoga: Effects on Depression and/or Anxiety in College Students“, in: *Journal of the American Psychiatric Nurses Association*, 26. August 2016

[3] De Manincor, M., Bensoussan, A., Smith, C., Barr, K., Schweickle, M., Donoghoe, L., Bourchier, S. und Fahey, P., „Individualised yoga for reducing depression and anxiety, and improving well-being: a randomized controlled trial“, in: *Depression and Anxiety*, 2016, 1–13

[4] Bhatia T., Mazumdar S., Wood J., He F., Gur R.E., Gur R.C., Nimgaonkar V.L., Deshpande S.N. „A randomised controlled trial of adjunctive yoga and adjunctive physical exercise training for cognitive dysfunction in schizophrenia“, in: *Acta Neuropsychiatrica*, 12, August 2016, 1–13

[5] Chaturvedi, A., Nayak, G., Nayak, A.G., Rao, A. „Comparative Assessment of the Effects of Hatha Yoga and Physical Exercise on Biochemical Functions in Perimenopausal Women“, New York, in: *Journal of Clinical and Diagnostic Research*, 10, August 2016, 8

[6] Rhodes, A., Spinazzola, J., van der Kolk, B. „Yoga for Adult Women with Chronic PTSD: A Long-Term Follow-Up Study“, in: *Journal of Alternative Complementary Medicine*, 22 (3), März 2016, 189–196

[7] Yadav, R., Yadav, R.K., Khadgawat, R., Mehta, N. „Beneficial Effects of a 12-Week Yoga-Based Lifestyle Intervention on Cardio-Metabolic Risk Factors and Adipokines“, in: *Subjects with Pre-Hypertension or Hypertension*, J Hypertens, 34, September 2016, Suppl. 1

[8] Chu, P., Pandya, A., Salomon, J.A., Goldie S.J., Hunink M.G. „Comparative Effectiveness of Personalized Lifestyle Management Strategies for Cardiovascular Disease Risk Reduction“, in: *Journal of the American Heart Association*, 5 (3), 29. März 2016, e002737

[9] Frank, R., Larimore, J. „Yoga as a method of symptom management in multiple sclerosis“, in: *Frontiers of Neuroscience*, 9, 2015, 133

[10] Sharma, M., Lingam, V.C., Nahar, V.K. „A systematic review of yoga interventions as integrative treatment in breast cancer“, in: *J Cancer Res Clin Oncol*, 15, September 2016

[11] Cheung, C., Park, J., Wyman, J.F. „Effects of Yoga on Symptoms, Physical Function, and Psychosocial Outcomes in Adults with Osteoarthritis: A Focused Review“, in: *American Journal of Physical Medicine and Rehabilitation*, 95 (2), Februar 2016, 139–151

[12] Satish, L., Lakshmi, V.S. „Impact of individualized yoga therapy on perceived quality of life performance on cognitive tasks and depression among Type II diabetic patients“, in: *International Journal of Yoga*, 9 (2), Juli–Dezember 2016, 130–136

[13] Wang, F., Eun-Kyoung Lee, O., Feng, F., Vitiello, M.V., Wang, W., Benson, H., Fricchione, G.L., Denninger, J.W. „The effect of meditative movement on sleep quality: A systematic review“, in: *Sleep Medicine Reviews*, 30. Dezember 2015, 43–52

[14] Ross, A., Brooks, A., Touchton-Leonard, K. und Wallen, G. „A Different Weight Loss Experience: A Qualitative Study Exploring the Behavioural, Physical, and Psychosocial Changes Associated with Yoga That Promote Weight Loss“, in: *Evidence Based Complementary Alternative Medicine*, 2016, 2914745.

[15] Motorwala, Z.S., Kolke, S., Panchal, P.Y., Bedekar, N.S., Sancheti, P.K., Shyam, A. „Effects of Yoga asanas on osteoporosis in postmenopausal women“, in: *International Journal of Yoga*, 9 (1), Januar–Juli 2016 , 44–48

[16] Rubin, F., *Meine sanfte Medizin für einen guten Schlaf*, München 2018, 39

[17] Van Dongen, H. P., Maislin, G., Muligan, J. M. und Dinges, D. F., „The Cumulative Cost of Additional Wakefulness: Dose-Response Effects on Neurobehavioral Functions and Sleep Physiology from Chronic Sleep Restriction and Total Sleep Deprivation“, in: *Sleep*, 26, 2003, 117–126

[18] Williamson, A. M. und Feyer, A., „Moderate Sleep Deprivation Produces Impairments in Cognitive and Motor Performance Equivalent to Legally Prescribed Levels of Alcohol Intoxication“, in: *Occupational & Environmental Medicine*, 57, 649, 2000, 55

[19] Chang, A.M., Aeschbach, D., Duffy, J.F., Czeisler, C.A. „Evening use of light-emitting eReaders negatively affects sleep, circadian timing, and next-morning alertness", in: *Proceedings of the National Academy of Sciences USA*, 112, 2015, 1232–1237

[20] Seligman, M.*Wie wir aufblühen: Die fünf Säulen des persönlichen Wohlbefindens*, München 2015, 33–37

[21] Chen, N., Xia, X., Qin, L., Luo, L., Han, S., Wang, G., Zhang, R., Wan, Z. „Effects of 8-Week Hatha Yoga Training on Metabolic and Inflammatory Markers in Healthy, Female Chinese Subjects: A Randomized Clinical Trial", in: *Biomed Research International*, vol. 2016, Article ID 5387258, 12 Seiten

[22] Singleton, O., Hölzel, B.K., Vangel, M., Brach, N., Carmody, J., Lazar, S.W. „Change in Brainstem Gray Matter Concentration Following a Mindfulness-Based Intervention is Correlated with Improvement in Psychological Well-Being", in: *Frontiers in Human Neuroscience*, 8, Februar 2014, 33

[23] Rani, K., Tiwari, S., Singh, U., Agrawal, G., Ghildiyal, A., Srivastava, N. „Impact of Yoga Nidra on psychological general well-being in patients with menstrual irregularities: A randomized controlled trial", in: *International Journal of Yoga*, 4 (1), Januar–Juni 2011, 20–25

[24] Lark, L., Goullet, T. *Healing Yoga*, London 2005

[25] Seppala, E. M., Nitschke, J. B., Tudorascu, D. L., Hayes, A., Goldstein, M. R., Nguyen, D. T. H., Perlman, D., Davidson, R. J. „Breathing-based meditation decreases post-traumatic stress disorder symptoms in military veterans: A randomized controlled longitudinal study", in: *Journal of Traumatic Stress*, Volume 27, Issue 4, August 2014, 397–405

[26] Gollwitzer, P. „Implementation Intentions: Strong Effects of Simple Plans", in: *American Psychologist*, 54, no. 7, 1999, 493–503

[27] Crum, Alia J., Langer, Ellen J. „Mind-set matters: Exercise and the placebo effect", in: *Psychological Science*, 18, no. 2, 2007, 165–171.

[28] http://gretchenrubin.com/happiness_project/2012/10/back-by-popular-demand-are-you-an-abstainer-or-a-moderator/

[29] Lyubomirsky, S. und Tkach, C., „The consequences of dysphoric rumination", in: C. Papageorgiou and A. Wells (Hg.), *Rumination: Nature, theory, and treatment of negative thinking in depression*, Chichester 2003, 21–41

[30] Tedeschi, R.G., & Calhoun, L.G., *Trauma and transformation: Growing in the aftermath of suffering*, Sage (CA), 1995

[31] Peterson, C., Park, N., Pole, N., D'Andrea, W. & Seligman, M. *Journal of Traumatic Stress*, Vol. 21, No. 2, April 2008, 214–217

[32] Walsh, R., „Lifestyle and Mental Health", in: *American Psychologist*, Vol. 66, No. 7, 2011, 579–592

[33] Walsh, R., *Die Erfahrung gelebter Spiritualität: Sieben Wegweiser zum Erwachen*, Bielefeld 2008

[34] Kondo, M., *Wie richtiges Aufräumen Ihr Leben verändert*, Leipzig 2013

[35] Fredrickson, B. L., *Die Macht der Liebe: Ein neuer Blick auf das größte Gefühl*, Frankfurt a. M. 2013

[36] Gable, S.L., Gonzaga, G.C., Strachman, A., „Will you be there for me when things go right? Supportive responses to positive event disclosures", in: *Journal of Personality and Social Psychology*, 91 (5), 2006, 904–917

[37] Gottman, J. M., *What predicts divorce: The relationship between marital processes and marital outcomes*, Hillsdale 1994

[38] Peper, E. & Lin, I., „Increase or Decrease Depression: How Body Postures Influence Your Energy Level", in: *Biofeedback*, Volume 40, Issue 3, 2012, 125–130

[39] Lyubomirsky, S., *Glücklich sein: Warum Sie es in der Hand haben, zufrieden zu leben*, Frankfurt a. M. 2018

[40] Adams Miller, C., Frisch, M., *Creating your best life: The Ultimate Life List Guide*, New York 2009

[41] Cantor, N., Sanderson, C. A., „Life task participation and well-being: The importance of taking part in daily life", in D. Kahneman, E. Diener und N. Schwarz (Hg.), *Well-being: The foundations of hedonic psychology*, Russell Sage Foundation, New York 1999, 230–243

[42] Lyubomirsky, S., *Glücklich sein: Warum Sie es in der Hand haben, zufrieden zu leben*, Frankfurt a. M. 2018

[43] Logel, C., Cohen, G., „The role of the self in physical health: testing the effect of a values-affirmation intervention on weight loss", in: *Psychological Science*, Vol. 23, 2013, 53–55.

[44] Kogan, J., „Brené Brown: Be the adult you want your children to be", in: *The Washington Post*, 5. Oktober 2012

REGISTER

Sie verdienen es, aufzublühen, und die einzige Person, die dazu beitragen kann, sind Sie selbst.

DANKSAGUNG

Self-care ist mein Stärkungsmittel, doch die Liebe und Unterstützung von Familie und Freunden hat mir wahrhaft Halt gegeben. Unendlichen Dank an meinen Mann Dave, der in den letzten 14 Jahren jeden Schritt mit mir gegangen ist; an meine Eltern, die mir jede erdenkliche Möglichkeit eröffneten; an meine Brüder Michael und Robert, die mich geleitet und ermutigt haben. Mein Dank gebührt Helen, Kim, Shaz und Noelene für ihre beständige Hilfe. Meinen perfekten Freunden Lani, Trent, Brett, Dawn, Jo, Brad, Asty, Mal, Sally und Karen – sie brachten mich auf die Beine, wenn das Leben mir unerträglich schwer erschien. Danke an Amanda Hoy und Michael de Manincor, die mich maßgeblich bei meinem Prozess begleiteten. An Nikki, Charlotte und Donna, die in kürzester Zeit einen neuen Ort zu meinem Zuhause machten. Besonderen Dank schulde ich meiner Agentin Jane Graham-Maw und Kate Adams vom Aster Verlag für diese Gelegenheit. Charlotte und Teddy, danke für eure Geduld und festen Umarmungen – ihr seid alles wert.

Bildnachweis

123RF Anna Om 19; mycteria 8; **Dreamstime.com** Michal Bednarek 12; **istockphoto.com** _chupacabra_ 156; aLittleSilhouetto 65; aluxum 131; bgfoto 195; bgton 146; blyjak 183; borchee 35, 111, 201, 177; BrianAJackson 74; Brzozowska 88; cruphoto 93; debibishop 116; digitalgenetics 133; georgeclerk 55; Givaga 149; Goettingen 142; Gooddenka 134; hidesy 11; IakovKalinin 164; Jeja 175; Mik122 4; Montypeter 32; mvp64 109; powerofforever 180; Rike_ 22, 37; robilee 198; Scacciamosche 212; shannonstent 223; STILLFX 43; stock_colors 105; Sun_Time 85; Trifonov_ Evgeniy 113; yigitdenizozdemir 162; zoom-zoom 159; **Shutterstock** Alex Illi 3 und andere Seiten; Eillen 83; Galyna Andrushko 87; JetKat 71; Patiwat Sariya 50; Volodymyr Goinyk 46; icemanphotos 59; Khongtham 21; Meister Photos 90; Sundari 15; Triff 45; vvvita 67; **Unsplash** Andrew Small 120; Jonas Weckschmied 24; Syol Sujuaan 106.